Monasterios Reales

del Patrimonio Nacional

ISBN: 84-85983-38-6
Depósito legal: B-8256-84.
Impresión Luna Wennberg
Beethoven, 12 - Tfno.: 322 14 54 - 322 17 96 - 08021-Barcelona
Núñez de Balboa, 115 - 262 80 46 - 262 96 08 - 28006-Madrid

Monasterios Reales

del Patrimonio Nacional

AUTORES

TEXTOS: Antonio Bonet Correa

Fotografías
del Monasterio de S. Lorenzo
de El Escorial
y Monasterio Convento
de las Descalzas Reales: Ramón Masats

Fotografías
del Real Monasterio
de Las Huelgas,
Convento Monasterio
de La Encarnación
y Monasterio de
Sta. Clara de Tordesillas: Francisco Ontañón

INTRODUCCIÓN

Tras la publicación del libro de los Palacios Reales, es pertinente dedicar otro tomo al conjunto de edificios que hoy día se conservan bajo la denominación de Patronatos Reales nacidos en su día como fundaciones realizadas por personas pertenecientes a la Familia Real. Estas Instituciones tienen un carácter predominantemente religioso y fueron muy numerosas hasta el fin del Antiguo Régimen. Actualmente, el Patrimonio Nacional conserva: El Real Monasterio de las Huelgas de Burgos, el Monasterio de Santa María la Real de Tordesillas, más conocido como Monasterio de Santa Clara, el Monasterio de las Descalzas Reales de Madrid, el Monasterio de San Lorenzo el Real en El Escorial, la Real Basílica de Atocha de Madrid, el Convento de Santa Isabel la Real de Madrid, el Real Monasterio de la Encarnación de Madrid y la Iglesia del Patronato Real de Nuestra Señora del Buen Suceso de Madrid. Al igual que los Palacios y Casas Reales, las fundaciones abarcan un amplio período que va desde el siglo XII hasta el XVIII, teniendo por tanto un doble sentido: por un lado una significación histórica que engloba los aspectos socio-económicos, políticos y religiosos, y por otra una significación artística que destaca por la variedad y antigüedad de muchas de las piezas que componen las colecciones. Por todo ello creemos interesante y conveniente la publicación de este volumen que hará descubrir a unos y profundizar a otros en los lugares y rincones de estos bellos edificios que integran un importante capítulo de nuestra Historia del Arte y de la Cultura.

El conjunto de Fundaciones, analizado en las coordenadas del tiempo y del espacio, nos ofrece una variedad de motivos sobre su creación que van desde los estratégicos de la época de Alfonso VIII, hasta los piadosos de Felipe III, pasando por la significación simbólica de una poderosa monarquía absoluta plasmada en El Escorial.

Cronológicamente la primera de ellas es la de Santa María la Real de las Huelgas, situada a un kilómetro de Burgos y fundada por Alfonso VIII a instancias de su esposa Leonor de Inglaterra, y con el consentimiento de sus hijas las Infantas Doña Berenguela y Doña Urraca. En este mismo lugar tenían los Reyes de Castilla un Palacio Real al que solían bajar, saliendo por la puerta de San Martín de la cercana ciudad, a distraerse y a solazarse. De aquí vino a llamarse este sitio las Huelgas del Rey. Por este motivo el Monasterio es popularmente conocido con el nombre de las Huelgas Reales. Fue inaugurado en el año 1186 por varias monjas de la orden del Císter procedentes de Tulebras, a las que el Rey concedió el Señorío de villas y lugares con muchas franquicias. El Monasterio es reconocido en 1187 por la Bula de Clemente III que les concede la exención de diezmos y la protección de la Santa Sede. Reconocida por la Orden General del Císter es declarado Monasterio matriz de todos los de Castilla y León. Alfonso VIII lo declara Panteón Real de los Reyes de Castilla, y en su testamento de 1212 le nombra administrador y superior del Hospital del Rey, fundación del mismo Monarca para la protección y cuidado de peregrinos que paraban en la importante y populosa ciudad medieval en su camino hacia Santiago. Con estos privilegios la figura de la Abadesa se ve realzada a una posición que una mujer nunca pudo alcanzar tanto en la Iglesia como en el estado civil: administra justicia, bendice sus monjas, acuña moneda y tiene las mismas funciones que cualquier Obispo en lo espiritual y lo temporal, con derecho a utilizar báculo y mitra. Estos privilegios permanecieron vigentes hasta 1874 en que fueron abolidos.

El edificio, como Panteón Real, fue adornado con innumerables obras de arte, entre las que destacan, en la nave de la Iglesia, los sepulcros de Alfonso VIII y el de su esposa Leonor de

Inglaterra, además del policromado de D. Fernando de la Cerda. Señalamos también la valiosa colección de obras flamencas expuestas en la Sapa Capitular y, sobre todo, la colección de ricas telas entre las que se encuentran dos magníficos ejemplares: la tela del sepulcro de D. Fernando de la Cerda y el pendón de las Navas de Tolosa arrebatado a Miramamolín. Todo ello está enmarcado en un extraordinario conjunto arquitectónico cuya importancia, dentro de la Historia de la Arquitectura española, viene refrendada por los variados y numerosos estudios que investigadores nacionales y extranjeros le han dedicado. De todo él sobresalen las tres naves de la Iglesia, la Sala Capitular, la labor mudéjar del Claustro Alto y la espléndida belleza del claustro románico más conocido como las «Claustrillas».

La segunda fundación en el tiempo es la erigida en la austera ciudad de Tordesillas, sobre un altozano, desde el que se contempla el paso del Duero. Fue creada por el Rey Pedro el Cruel, a instancias de su esposa Blanca de Borbón y de las Infantas Doña Beatriz y Doña Isabel. Se hizo escritura pública en 1363 siendo confirmada por Urbano V en Bula del mismo año. Para sus servicios se llevaron monjas de la regla de Santa Clara, dotándolas de privilegios y bienes. El Convento se conoce de forma general con el nombre de Monasterio de Santa Clara, aunque al igual que Las Huelgas, su denominación es Santa María la Real de Tordesillas. A pesar de que su origen fue el de servir de enterramiento a las hijas de Pedro el Cruel, los avatares de la Historia de Castilla le han identificado para siempre con la figura de Juana la Loca, aunque la ciudad ya tenía importancia política desde la firma del Tratado de Tordesillas, durante el reinado de los Reyes Católicos. La Reina Juana se estableció en este lugar en 1509 con el cuerpo de su marido Felipe el Hermoso, y aquí permaneció hasta su muerte en 1554. El Emperador Carlos lo visitó en dos ocasiones: la primera, en 1517, con motivo de su llegada a la Península, y la segunda, en 1522, tras la guerra de las Comunidades y después de la visita que le hiciera Padilla en 1520. En 1555 se trasladó el cuerpo de Felipe el Hermoso a la Capilla Real de Granada siguiéndole ella poco tiempo después.

El curso general de los sucesos de la Monarquía hizo, desde aquel tiempo, que el nombre de esta población fuera desapareciendo de los acontecimientos históricos: Madrid y los demás Sitios Reales llamaron y fijaron la atención de los Monarcas.

Por último, y a pesar de todo ello, Santa Clara conserva algunos ejemplos artísticos que hablan de la gran importancia que tuvo este Monasterio en su momento, como es la Capilla ideada por Guillén de Rohan y las estancias mudéjares que albergan la colección de tallas góticas, los pianos y la colección de tablas flamencas. Al margen de esto, hoy en día Santa Clara tiene una notable importancia por los fondos documentales que guarda en su archivo referentes a la Historia de Castilla y de los que se conservan ejemplares en algunas vitrinas.

En el año 1554 es cuando se inicia la fundación del madrileño Monasterio de Nuestra Señora de la Asunción y Nuestra Señora de la Consolación para ser ocupado por religiosas Franciscanas Descalzas de la Primera Regla de Santa Clara, conocidas por las Descalzas Reales. Fue una iniciativa muy personal de la Princesa Doña Juana de Austria, hija menor de Carlos V, esposa del Rey Don Juan de Portugal y madre del mítico Rey Don Sebastián. Cuando la Princesa concibe la idea, estaba gobernando personalmente Castilla y Aragón, ante la ausencia de su padre y de su hermano Felipe II. Las primeras monjas, traídas de Gandía, ocuparon en principio una mansión señorial que Carlos V había habitado como Palacio y donde nació la Princesa fundadora.

La inauguración solemnísima y excepcional tuvo lugar en el año 1564, siendo sitio de refugio de damas principales, cuyas dotes fueron la base de la preponderancia social y artística que se mantuvo hasta el siglo XIX. Se dio el caso de algunas señoras que entraban en el Convento y nunca llegaron a tomar el hábito, como su propia fundadora y su hermana, la Emperatriz de Alemania Doña María. Entre las que profesaron se encuentran la Archiduquesa Doña Margarita, que rechazó heroicamente ser la quinta esposa de Felipe II; Sor Catalina María de Este, hija de los Príncipes de Módena; Sor Ana Dorotea de Austria, hija del Emperador Rodolfo; Sor Mariana de la Cruz y Austria, hija del Cardenal-Infante Don Fernando; y Sor Margarita de la Cruz y Austria, hija de Don Juan José de Austria.

En cuanto a las colecciones y objetos artísticos que guarda en su interior se puede calificar como uno de los conjuntos más ricos e interesantes de España, que conserva su integridad gracias a los esfuerzos realizados durante los avatares históricos más recientes. Una de las joyas que no han llegado hasta nosotros ha sido la obra excepcional del arte miguelangelesco español más característica: el retablo Mayor que se perdió en el incendio de 1862, obra tanto de arquitectura, como de pintura y escultura del celebérrimo Gaspar Becerra, y que hoy podemos conocer por el admirable dibujo que se conserva en la Biblioteca Nacional.

En los últimos años se han llevado a cabo, por parte del Patrimonio Nacional, importantes obras de consolidación arquitectónica y de acondicionamiento de sus principales dependencias para ser visitadas como Museo, entre las que destacan: la Sala de los tapices de Rubens «La apoteosis de la Eucaristía»; el Relicario, con innumerables piezas de las platerías más famosas nacionales y extranjeras; el Claustro Alto, con sus ricas y variadas Capillas; la Sala Capitular, con las esculturas de Mena y G. Fernández; y, finalmente, la Sala de los Primitivos Flamencos y la Escalera, constituyen una de las más variadas muestras artísticas que difícilmente se pueden encontrar reunidas en un solo conjunto.

Tres años después de la fundación de las Descalzas Reales, se data la Escritura de fundación y doración de uno de los ejemplos más claros del absoluto poder del monarca Felipe II: el Monasterio de San Lorenzo el Real, en El Escorial. Las motivaciones múltiples y conocidas que llevaron al Rey a crear el Monasterio fueron, principalmente, el buscar un lugar de enterramiento para su padre el Emperador Carlos, para él y su descendencia, y un lugar donde pudiera dirigir los destinos de todo su Imperio y a la vez sirviera de retiro espiritual para sus últimos días. Al margen de esto, en la escritura fundacional se recoge un aspecto intelectual que el fundador quiso dar a su obra: se trata de la institución de un colegio en el que se enseñen y lean las cartas y la Santa Teología, y donde se críen e instruyan niños a la manera de un Seminario. Con carácter científico crea la biblioteca, alentado en gran parte por Juan Paez de Castro, humanista español que estuvo en Trento y que en gran medida le dio un aire progresista. Este centro está considerado como una de las bibliotecas más importantes del mundo por los fondos que conserva, entre los que hay que destacar: los tres mil manuscritos árabes y los Códices y Miniaturas como «Las Cantigas de Alfonso X el Sábio», «El Códice Aúreo», «Las tablas de astronomia» y «El libro de Ajedrez», amén de ejemplares representativos de todas las ciencias y tiempos, que la convirtieron en la primera Biblioteca Universal de su época y donde confluyeron las corrientes culturales de Oriente y Occidente. La custodia y conservación del Monasterio y Colegio se encomienda a la Orden de San Jerónimo en memoria de la devoción que Carlos V le profesaba y por ser la Orden de mayor importancia en la Península. En la segunda mitad del siglo XIX desaparecen los Jerónimos, y el Monasterio será regido por diversas entidades hasta que en 1885 se formalice un contrato con la Comunidad de Agustinos Calzados de las misiones de Filipinas, que se hacen cargo del complejo. Durante nuestro siglo se han sucedido los contratos de renovación hasta el último firmado en 1984.

Debido a la grandiosidad y variedad de las magníficas colecciones artísticas existentes en este Monasterio –Basílica, Panteón, Claustros, Palacio de los Austrias, Palacio de los Borbones y jardines– resultaría imposible enumerar y describir en el corto espacio de que disponemos, cada una de ellas. Remitimos por eso a nuestros lectores a la amplísima bibliografía existente sobre este tema que ha sido objeto de tratamiento por parte de especialistas españoles y extranjeros, y que supone una pequeña parte de lo que todavía queda por investigar a todos los niveles. No podemos terminar, sin embargo, sin hacer una referencia al inmenso valor arquitectónico que el edificio, en sí, representó y representa para la Historia de la Arquitectura. En él se plantean y resuelven problemas técnicos de composición, de ahí que su valor fundamental sea el triunfo de la arquitectura pura. La belleza radica en las buenas proporciones y en la buena técnica que integra de forma majestuosa el todo con las partes, y las partes con el todo.

Una de las últimas fundaciones que se llevaron a cabo fue, en 1611, el Real Monasterio de Nuestra Señora de la Encarnación de Madrid, muy cercano al Palacio Real, bajo los auspicios de la pareja de Monarcas más devota, Felipe III y Margarita de Austria-Stiria. La temprana muerte de la Reina, que se había ocupado personalmente de los inicios del Convento, hizo que el Rey pusiera todo su empeño para que esta obra llegara a feliz término. Esto aconteció en 1616, tan sólo a cinco años de la colocación de la primera piedra. Las fiestas que conmemoraron tan fausto motivo fueron acaso lo más solemne de la vida madrileña de aquel reinado. Este Monasterio, a diferencia de otras fundaciones, tiene un marcado carácter religioso, llevado a cabo por su fundadora Sor Mariana de San José y la Orden de Agustinas Recoletas que todavía hoy habitan la Iglesia, el Convento y la huerta que integran este Monasterio.

El edificio, muy característico en la trama urbana madrileña, nos muestra la influencia fehaciente que el Monasterio de El Escorial ejerció en toda la arquitectura madrileña de la primera mitad del siglo XVII. El interior, que era severo y de orden dórico, fue restaurado y reformado en el siglo XVIII por Ventura Rodríguez y una pléyade de pintores y escultores neoclásicos, que realizaron retablos, lienzos e imágenes entre 1755 y 1767. Las colecciones artísticas que se albergan, son, en comparación con las Descalzas Reales, más reducidas, pero no por ello menos interesantes, ya que cuenta con un grupo muy escogido de lienzos de la escuela madrileña del XVII, un extraordinario zócalo de azulejos talaveranos que recorren el claustro y que junto a los restos existentes en las Descalzas, constituyen un ejemplo notable de la producción alfarera de aquellos tiempos. Lo más importante a destacar de este conjunto es el magnífico relicario compuesto por arquetas, cruces y tallas hechas en los más variados materiales como plata, ébano y marfil, en los que se guardan reliquias de distintos santos. Parte fundamental de esta pieza es el techo pintado por Vicente Carducho.

Con estas breves pinceladas hemos intentado mostrar la vasta colección de obras de arte que forman parte de los Patronatos Reales y que son un claro ejemplo de la altura personal e intelectual de sus fundadores. Tenemos pues una larga tarea por delante para preservar y conservar este ingente Patrimonio cultural y artístico para las generaciones venideras.

Ramón Andrada
Consejero-Gerente del Patrimonio Nacional

Atravesar el umbral de un monasterio medieval o penetrar en el interior de un convento del Siglo de Oro es hoy fácil. Desde la exclaustración eclesiástica en el siglo pasado y la apertura de algunas clausuras femeninas. en nuestra época cualquier mortal puede conocer el ámbito íntimo de lo que antes eran lugares recoletos, en principio impenetrables para aquellos que no habían profesado en la religión. Al menos era así para el común de los que se acercaban a las casas conventuales. Sólo con permisos eclesiásticos especiales se podían recorrer las distintas estancias, claustros y huertos de los monasterios femeninos. Únicamente el médico, un maestro de obras o un historiador de Arte tenían acceso a una clausura. Una monja, que con el rostro cubierto guiaba al visitante por el laberinto del monasterio, iba tocando la campanilla con el fin de que las madres o hermanas se fuesen retirando para no ser vistas por el intruso. Sólo algunas veces, al final de una galería del claustro o en el quicio de una puerta se apercibía la estilizada silueta de una religiosa que huía presurosa de la mirada impertinente. El afortunado visitante no tenía tregua. Las obras de arte que había en las estancias, pasillos y escaleras del convento a veces, sólo las podía ver al paso. De disponer de mucho tiempo se hubiera ido deteniendo morosamente para contemplarlas una a una, gozarlas en la paz y el silencio que le rodeaba. Sólo algunas, las más importantes le retenían un momento. En las salas comunes y de trabajo de las monjas, todas limpias y aseadas, con los suelos de piedra o azulejos muy fregados o de madera impecablemente encerados, le maravillaba el orden. Las esculturas de niñitos Jesús coquetamente vestidos, los nacimientos napolitanos, las Magdalenas de cera con dorados rizos de pelo natural dentro de una vitrina, la Virgen pastora y peregrina, los cofrecitos de nácar, las navetas de conchas, las vitrinas con un escapulario o un cilicio que había pertenecido a una monja muerta en olor de santidad le delectaban y llenaban de gozo. Si el monasterio era muy antiguo, las joyas y preseas medievales le llamaban la atención admirándole. Esmaltes, marfiles y piezas en piedras duras y preciosas refulgían en austeras estancias en penumbra. Junto a estos tesoros, colgados en los corredores o en las Salas Capitulares aparecían lienzos con las imponentes efigies de las abadesas o las madres superioras: severas unas, autoritarias otras, con un rictus de amarga retención o cuidado gesto bondadoso. También los retratos solemnes y oficiales de reyes, reinas o nobles protectores. Pero mucho más atractivas eran las representaciones de una monja, núbil doncella, que había tomado el velo en la flor de la edad infantil, en el umbral de la adolescencia. Coronada de flores, con su velo, evocaba al visitante románticos romances de la monja-niña, de la flor que cultivada en la huerta del convento desprende una fragancia sutil y tenue. El visitante sentía embargados sus sentidos ante tanta belleza. Ensimismado creía oir en el huerto de las monjas, apenas entrevisto por una ventana, el canto de la alondra o el trino del ruiseñor. En sus recuerdos quedaban atrás las agudas y delgadas voces de las madres de clausura que cantaban los oficios en el coro, detrás de unas rejas de tupida trama y erizados pinchos, en la provinciana ciudad de su infancia.

La paz y soledad que se desprende de lo arcáico, el íntimo recogimiento y silencio de lo antiguo emocionan a los habitantes de las populosas urbes modernas. Un monasterio medieval o un convento del barroco encierran un mundo en el que no sabemos si su atractivo depende de la extrañeza que nos produce su regla o manera de vivir lo individual en lo colectivo o por el contrario de nuestra nostalgia de la fe que se necesita para tomar la decisión de someterse a tal universo cerrado y autónomo por si mismo. En todo caso, la posición del que se mueve en el mundo responde a parámetros que nos escapan. Los monasterios de clausura todavía están vivos y existen, tanto de hombres como de mujeres que encuentran en ellos su vía de salvación personal. Si bien hoy ha cambiado en gran medida la clausura, lo mismo que sucedió con la vida religiosa a lo largo de los siglos, es bien cierto que muchas de las formas esenciales de las reglas perduran.

Aunque la soledad, la penitencia y la oración separadas del mundo son el objetivo principal de las órdenes contemplativas, hoy en día están forzadas a convertirse en comunidades con un rendimiento económico capaz de posibilidades de subsistencia. En especial los conventos femeninos son actualmente verdaderos talleres artesanales, pequeñas manufacturas cuyas ganancias sirven para subvenir a sus propias necesidades materiales. En los monasterios suburbanos, las labores de huerta, la avicultura o la apicultura son las explotaciones que mejor se adaptan dentro de un tipo de trabajo tradicional de las comunidades religiosas. En ellos se elaboran también dulces, mermeladas y jaleas, además de realizarse labores de aguja, bordado, corte y confección. En los conventos urbanos, el trabajo se orienta hacia las artes suntuarias, como la decoración de cerámica. «Ora et labora» es su lema. El trabajo penoso, enoblecido por Jesucristo junto con su padre San José, en el taller de Nazaret no sólo es necesario sino es una fuente de virtud, y de alegría. El espíritu de laboriosidad acerca a la voluntad de Dios. Santificar las ocupaciones es para una persona religiosa una forma de desprenderse de lo material para, después de estar liberado de lo contingente, mejor conectar con lo sobrenatural, con la invisible presencia de lo numinoso.

En los monasterios el tiempo parece abolido. Lo ya ido y el futuro parecen meras palabras, conceptos vacíos y carentes de significado. El hombre llamado de la calle no sabe si un monasterio es algo obsoleto o todavía vigente. Ante las altas y cerradas tapias de un convento de monjas y su recoleto compás en pleno corazón de la ciudad o la imponente mole de El Escorial, en medio de la sierra, el espectador sensible recibe la impresión de lo intemporal e inmutable, la sensación de asistir al lento discurrir del paso de los siglos, de entrar en el remanso del tiempo en el que se aquietan los acontecimientos y en el que la historia no es más que un sueño de los hombres que, ansiosos de poder, se agitan en vano en pos de una felicidad sólo alcanzable para aquellos que renuncian a los bienes perecederos de este mundo. El monacato, con sus reglas de vida, es un hecho que no se puede obviar. Las categorías mentales de los que han erigido estas «ciudadelas» o castillos interiores, estas Jerusalem celestes, todavía siguen despertando la curiosidad y el interés de aquellos que se sienten atraídos por un universo cerrado y centípetro que gira sobre si mismo.

MONARQUÍA Y MONACATO

Monarquía y monacato en España estuvieron siempre unidos por estrechos lazos. Desde la Alta Edad Media, cuando se crearon los grandes monasterios hasta fines del siglo pasado, cuando se renovaron las viejas órdenes y se crearon otras nuevas adaptadas a los tiempos modernos, la corona española protegió y dispensó favores a las comunidades religiosas, las cuales, a su vez estuvieron unidas a la voluntad y designios políticos de los reyes. En especial la devoción de las reinas desempeñó un papel mediador de capital importancia. Vida espiritual y poder temporal, con cauces diferentes tuvieron sin embargo metas comunes. Paralelos afanes proselitistas animaron por igual a la Monarquía y a la Religión.

La lucha frente al invasor musulmán durante la Reconquista y el combate ideológico frente al protestante durante la Contrarreforma imprimieron un carácter belicoso a la Historia de España. Infieles y herejes fueron los enemigos por igual del soldado y del monje. Tanto en el medioevo como en los tiempos modernos la Corona española, revestida del papel mesiánico de incansable adalid de la catolicidad, veló por la integridad y pureza del dogma cristiano en sus dominios. Los monasterios eran reductos firmes y seguros de esa defensa, fortalezas espirituales en las que el monarca depositaba su confianza en materia de moral y doctrinas.

En la Edad Media, cuando los hombres formados en el rudo campo de batalla eran de costumbres ásperas y los cortesanos nobles tenían el ánimo embargado por las luchas intestinas y dinásticas, la paz y la quietud del claustro representaba un anhelo ideal de civilización. Verdaderas islas de meditación y silencio, los monasterios ofrecían un modelo de vida superior difícilmente alcanzable en el mundo secular. Tras la Caída del Imperio Romano con las invasiones de los Bárbaros, el saber y la cultura se habían refugiado en las bibliotecas y *scriptoria* de los monasterios, ricos en manuscritos y obras literarias de la Antigüedad. Sin prisas, los monjes copiaban textos clásicos y glosaban las Sagradas Escrituras. La Ciencia y la Filosofía antiguas se pudieron conservar y transcribir gracias a la paciente y minuciosa labor de los monjes, dedicados, por partes iguales, a la oración, el estudio y el trabajo manual. Los monasterios situados lejos de los castillos o fuera de las ciudades, en medio del campo, marcaban su tiempo propio, eran un mundo aparte, con privilegios y fueros propios. A su igual, los monasterios femeninos dedicados a la vida contemplativa, constituían un universo independiente, en el cual las doncellas consagradas al señor o las damas viudas encontraban un refugio de las asechanzas de la vida áspera y un tanto brutal de los señores feudales. Detrás de sus muros se cultivaba el más exquisito recato.

En la Baja Edad Media, con el cambio de los tiempos evolucionaron las formas de vida religiosa. El crecimiento y la nueva fundación de ciudades acarrearon nuevas costumbres y maneras de relación social. A las viejas órdenes religiosas de los benedictinos y los cistercienses dedicados a la meditación lejos de los centros urbanos se vinieron a añadir las creadas exprofeso para combatir las herejías nacidas en las ciudades más populosas, en las que la concentración humana más variopinta planteaba nuevas situaciones que inquietaban a las autoridades políticas. Los dominicos, dedicados a la predicación y los franciscanos a la ejemplaridad en la pobreza, son el producto de una transformación social irreversible. Otro tanto sucedió con la aparición de otras órdenes menores o mendicantes, como los agustinos o los mercedarios, aunque, junto a ellos y por necesidades de vida contemplativa, se fundasen otras órdenes que, como los carmelitas o los jerónimos suponían una renovación o más bien remodelación de la vida monástica acorde con el cambio de espíritu cuando comenzaba a hacer crisis el sistema feudal. De nuevo las órdenes femeninas nacidas de las recién creadas órdenes masculinas seguirán las pautas de las mismas, adaptándolas a la condición de la mujer, cuyo papel social se limitaba a la virtud y ejemplaridad en la clausura, a la discreta obra llevada a cabo dentro de las tapias conventuales.

Cambio esencial fue el que sufrió Occidente en el siglo XVI, al surgir Lutero y el Protestantismo. España que entonces había alcanzado la cúspide de su poder político, también llegó a la cumbre de su religiosidad, desempeñando un papel primordial en la lucha contra la herejía, a manera de baluarte de la fe. El emperador Carlos V y Felipe II serán los monarcas europeos que pusieron mayor empeño en la defensa de la Religión Católica. La iglesia de la Contrarreforma se apoyó en la política imperial de España. Los prelados y los teólogos españoles en el Concilio de Trento llevaron la voz cantante, marcando pautas de ortodoxia extremada. En la batalla ideológica España puso todas sus energías. Finalizada la Reconquista, el español aún conservaba un gran caudal de vitalidad que vertió en el Descubrimiento y Conquista de América, en las guerras exteriores en Europa y en la acción religiosa militante. Antes los enemigos eran los infieles musulmanes y los judíos, ahora eran los heréticos protestantes. San Ignacio de Loyola, creador de la Compañía de Jesús, verdadero ejército ideológico al servicio del Papa y Santa Teresa de Jesús, la Santa reformadora del Carmelo, son índice del dinamismo y la exaltación espiritual de España en el siglo XVI. También de las nuevas directrices que informaron la vida religiosa, reestructurando de acuerdo con las nuevas necesidades. San Ignacio contribuyó a secularizar a los religiosos al exigir sólo votos simples y suprimir el Oficio de Coro, convirtiendo la vida común en un colegio de activistas propagadores de la Fe Católica, y Santa Teresa, con la imposición de una rigurosa austeridad y una perpetua clausura de monjas dedicadas a la oración y la penitencia, contribuyó a reestablecer un orden estricto que vino a dar ejemplaridad y paliar la relajación de las costumbres que imperaba en los conventos a finales de la Edad Media.

Pasado el momento estelar del Imperio comienza la decadencia española. En el siglo XVII, tras las repetidas crisis financieras y económicas y la derrota de los famosos Tercios españoles, antes considerados invencibles, España se repliega sobre si misma. A la par que declinan los caudales y las armas, también flaquean los hombres y se retraen sus espíritus. A la crisis material le sucede la crisis moral. Pero no por ello decae la vida religiosa, que para muchos se convierte en el áncora de salvación, ya que se acoge a la protección que proporciona el convento o al refugio espiritual de las creencias compartidas. España sonámbula de su antigua grandeza, vive entonces ensimismada. Quizá por ello, pese a las dificultades económicas de muchas de las comunidades existentes y a las taxativas prohibiciones de crear nuevos monasterios, siguen sin embargo, apareciendo nuevas fundaciones. Además, como muy bien ha señalado Antonio Domínguez Ortiz, se produce un fenómeno de concentración urbana. Los antiguos monasterios emigran de las pequeñas poblaciones para instalarse en las grandes Madrid, Barcelona, Zaragoza, Valencia, Sevilla, Santiago de Compostela u otra capital de los distintos reinos o provincias de entonces que son los polos de atención de las órdenes religiosas. A su vez dentro de las respectivas ciudades se observa una tendencia centrípeta, es decir que todos los monasterios, sean ya masculinos o femeninos, tienden a trasladarse de la periferia o arrabales hacia el centro de la ciudad, en donde su iglesia podrá ser más visitada y contribuir al esplendor del culto con fastuosas ceremonias religiosas, fenómeno comprensible en una época en la que el lujo externo compensa la dureza e inestabilidad de la existencia cotidiana. La densa concentración urbana de monasterios llevará a que los historiadores califiquen de ciudades-convento a las poblaciones españolas del barroco.

EL PATRONAZGO REAL

Desde la Edad Media los reyes de España protegieron a los monasterios como algo suyo. Los más importantes, como Las Huelgas, Santa Clara de Tordesilla, San Jerónimo el Real de Madrid, San Juan de los Reyes en Toledo o El Escorial serán de fundación real. El patronazgo de los monarcas tendrá sus raices profundas en el concepto teocrático de la monarquía, en tanto que poder emanado de la divinidad y en la índole sagrada de la vida monástica. También en la conveniencia que encontraba el rey y su familia en disponer de un servicio completo y eficiente para su solaz y holgaza en un ambiente virtuoso y tranquilo. Los monasterios medievales, de edificios funcionales, con sus distintas partes públicas y privadas –la Hospedería, el claustro, los diferentes talleres y otras dependencias como al carpintería o la granja– eran unidades complejas, verdaderas ciudadelas, especie de acrópolis independientes, aisladas del exterior, lejos de los avatares, negocios y tráfago de las ciudades. Con todos los medios necesarios de producción, los monasterios se bastaban a sí mismos. Con su carácter reservado autónomo y autosuficiente constituían un mundo aparte, cuya vida giraba sobre su propio centro.

En un momento de constante inestabilidad política, de luchas fraticidas, bandos, razzias y expediciones punitivas, los monasterios eran como seguros golfos de aguas serenas resguardados de las tempestades. En principio en su recinto no entraban las luchas cortesanas y del siglo, se remansaban las pasiones y ansias de poder. Se aquietaban las ambiciones. También los acontecimientos más violentos o conflictivos se decantaban hasta adquirir el indispensable distanciamiento para poder juzgarlos. Así el rey, tras larga reflexión durante sus estancias en los claustros podía tomar decisiones meditadas.

LUGAR DE ESTANCIA Y RETIRADO REPOSO

Los monasterios, con su funcional y racional distribución de las habitaciones, su completo equipamiento y práctico mobiliario, ofrecían mayores ventajas y comodidades que los castillos. Para los reyes y los nobles, cuya vida se pasaba en guerras sin tregua, la paz del monasterio ofrecía grandes atractivos. Tan pronto como era posible el monarca y su familia, lo mismo que muchos caballeros andantes se acogían a la hospitalidad de los claustros. Tanto en España como en Europa durante la Edad Media, los reyes como la alta nobleza pasaban temporadas en los monasterios de su patronazgo. Las cuantiosas ayudas y protección que les dispensaba tenía siempre un fin interesado. A la postre el sistema estaba muy bien reglamentado.

Los reyes, que para sus constantes desplazamientos se veían forzados a viajar con grandes séquitos en lentos y pesados carruajes, encontraban alivio, en un monasterio, de las fatigas del áspero camino por fragosas sierras o deshabitadas llanuras. De gratos «paradores» califica Chueca Goitia a los monasterios, en los que el regalo y el descanso estaba asegurado. Acogidos a lo sagrado, encontraban allí deleites y holganza virtuosa bajo la divina protección.

La corte castellana durante toda la Edad Media fue nómada. Ninguna ciudad fue la capital fija y permanente de la Corona. La inestabilidad de lugar implicaba también la de morada. Debido a ello, quizás, en Castilla, contrariamente a lo que sucede en otros reinos de España y de Europa, no existen verdaderos palacios reales. De ahí que en su magnífico estudio sobre las *Casas Reales en Monasterios españoles...* Chueca Goitia haya señalado que todas las energías de los monarcas castellanos se dirigiesen «por otros cauces pensando, sin duda, que así lograban unir el prestigio del arte y de la monumentalidad al más sólido y perdurable de la religión». La idea de que sólo Dios es eterno y que sólo adquirirá perennidad aquél que se ampara en la divinidad, fue a todas luces determinante. Tanto Alfonso VIII en las Huelgas como Carlos V en Yuste o Felipe II en El Escorial encontraron en un monasterio su morada predilecta. Los palacios construidos dentro de los muros conventuales no eran simples aditamentos o anejos al edificio de los monjes. Fundidos o confundidos con el claustro, participaban de su totalidad, al igual que el monarca que disfrutaba como propiedad suya la huerta y jardines, la biblioteca y relicario, además de participar en las solemnes y fastuosas ceremonias del rito católico.

De la misma manera que el palacio real o las habitaciones para un noble se construían dentro del monasterio, por el contrario muchos de éstos fueron construidos en antiguos palacios donados con este fin por sus dueños. El caso de los monasterios de Santa Clara en Tordesillas o de las Descalzas Reales en Madrid pueden servir de paradigma del cenobio instalado en lo que antes fue palacio, casa de placer o de holganza mundana. En los que fueron lujosos escenarios habitados por el esparcimiento y penitencia. El deseo y la expresa voluntad de los donantes era la mayor parte de las veces el querer lavar antiguas culpas, el ser perdonados de sus pecados y anterior vida disoluta. En parte también encerraba el deseo de alojar a los religiosos o religiosas con la dignidad propia de su condición, considerada en la escala de valores sociales como la más alta en lo espiritual.

PANTEÓN REAL

En los monarcas, al igual que en los nobles, a la fruición que proporcionaba la vida eclesiástica se unía la idea de utilizar el monasterio como lugar de su sepultura. El patronazgo siempre encerraba el designio de prolongar la vida virtuosa en el más allá, de hacer que el monasterio no sólo sirviese de morada terrenal sino también eterna. En León y Castilla, lo mismo que en Cataluña –Poblet y Santas Creus– o en Europa –Saint-Denis en Francia y Westminster en Inglaterra– el monasterio servía para instalar en su iglesia el Panteón Real. Los soberanos no sólo lograban así perpetuar su memoria a la manera faraónica en suntuosos sepulcros dentro de la pompa arquitectónica sino que también se aseguraban un eficiente servicio funerario para las exequias, misas de difuntos, responsos y aniversarios. Su tumba era guardada con esmero y en ella se rezaba día y noche. La solución de continuidad estaba resuelta a perpetuidad. El rey a la vez consolidaba y fijaba para siempre su imagen de virtud. Identificado con el recogimiento y la penitencia monasterial, el monarca quedaba, de esta manera, simbolizado en tanto que rey-monje o rey-sacerdote. Felipe II, Salomón moderno, logró cristalizar en El Escorial esta idea en forma diamantina. El sentido sacral de la realeza no podía llegar a una simbolización más alta y permanente.

LOS MONJES JERÓNIMOS Y EL PODER REAL

De las órdenes masculinas que tuvieron mayor vinculación con la corona española, sin duda alguna la que, en tiempos modernos, alcanzó mayor relieve y favor real fue la de los Jerónimos. Los monjes de hábito, túnica y escapulario blancos y manto y capucha de color pardo, con su vida eremítica de aristocrático retiro, atrajeron la atención de nuestros soberanos que fueron generosos en dádivas para sus monasterios. Los monjes con su fidelidad y lealtad a la corona devolvieron con creces los pingües favores reales. El monasterio de Guadalupe en Cáceres, con su dimensión hispanoamericana y los de Yuste y El Escorial, retiro de Carlos V y Felipe II respectivamente, son índice de la preferencia real sobre las demás órdenes religiosas. Como dato significativo no hay que olvidar que la corona española en el primer momento del descubrimiento de América escogió a los Jerónimos como evangelizadores del Nuevo Mundo, aunque, por razones estadísticas, fueron a las órdenes mendicantes a las que luego les tocó tan ardua y fatigosa tarea.

El primer monasterio de monjes jerónimos de España fue el de Lupiana en la provincia de Toledo, a orillas del río Tajo, no lejos de los toros de Guisando. Casa matriz de la orden, que con la huida de nobles de la Corte de Don Pedro el Cruel verán aumentado su número de componentes, de Lupiana surgirán otros monasterios que, a finales de la Edad Media, como el de San Jerónimo el Real en Madrid, levantaron sus edificios en delicado gótico de caladas y galanas cresterías y bellísimos claustros de estilo flamígero.

Orden nacional por excelencia, los reyes españoles con su obsesión de divinización de su poder, encontraron en los Jerónimos el apoyo a su concepto teocrático de la monarquía. La corona española, atenta ante todo de su grandeza, elevará la orden de los Jerónimos a la máxima categoría ritual. Los monjes penitentes, deseosos de imitar la vida de San Jerónimo en el desierto de Calcis, alcanzarán el máximo de atenciones cuando Felipe II, el nuevo Salomón español, erigió El Escorial, síntesis de templo, monasterio, palacio y panteón real. Los jesuitas, que habían solicitado se les encomendara la guarda, disfrute y paso de la nueva fundación se vieron precedidos en El Escorial por los jerónimos, más afines con los designios de Felipe II. Por su eremitismo los jerónimos representaban la tradición monástica más primigenia. En El Escorial predominó su papel cortesano de oficiantes y servidores del rey Felipe II, jefe del clero, al igual de un emperador bizantino, sometió a su jerarquía una orden religiosa consagrada por entero al culto y la liturgia. El supremo símbolo arquitectónico de El Escorial, alcanzando así su plenitud convirtiéndose en un majestuoso escenario, en un sacro teatro.

LAS ÓRDENES FEMENINAS

En un principio desde el siglo II existió la costumbre de consagrar a las vírgenes imponiéndoles el velo. En España esta *velatio* era más tardía que en África y en Galia. Junto con las doncellas a las viudas que se consagraban religiosamente se les confería una bendición especial del pontífice. Las primeras eran contemplativas. Las segundas, dedicadas a repartir limosnas y ejercer la hospitalidad, tenían un papel activo. Muy pronto vestidas con hábitos, comenzaron a vivir en comunidad. Para Marcelina, una de las primeras monjas de la historia, San Ambrosio escribió su tratado *De Virginitate*. También para Eustaquia, hija de Santa Paula, a la que ayuda a fundar dos monasterios en Belem, escribió San Jerónimo sus famosas cartas sobre la virginidad. Hoy Santa Eustaquia es la Santa patrona de las novicias. Todavía el aroma de huerto secreto y virtuoso de estos primeros monasterios alumbra, cual lámpara o cirio pascual que arde solitario ante el altar, el camino de renunciamiento que emprende una religiosa al profesar en un convento.

Tras las primeras reglas de San Basilio y San Pacomio a principios del siglo IV, fueron en el siglo siguiente San Jerónimo, San Agustín y San Benito quienes proporcionaron las normas a seguir para la vida en común. Junto con los monasterios masculinos aparecen los femeninos en los que florecen las virtudes de la dulce Santa Escolástica, hermana de San Benito o las reinas viudas y repudiadas Radegonda de Poitiers, Juana de Bourges o Brígida de Suecia. A los votos de castidad, pobreza y obediencia, el abandono de los bienes personales y la vida en común bajo la autoridad de una superiora, se vendrá a añadir, como medida de seguridad en la época de las invasiones bárbaras, la clausura de las monjas. Hasta la Decretal *Periculosi* del Papa Bonifacio VIII en 1290, no erigieron de manera absoluta este aislamiento entre el mundo y la comunidad de las religiosas que durante toda la Edad Media se irá relajando hasta que, con el Concilio de Trento durante la Contrarreforma se cumplirá de forma rigurosa.

De las múltiples órdenes religiosas ligadas a la corona castellana señalemos, en primer lugar, la cisterciense, creada en el siglo XII por San Bernardo, abad de Clairvaux. De espíritu magnánimo y a la vez apasionado, San Bernardo ejerció una influencia considerable en su época. Partidario de la unión y concordia entre los príncipes cristianos, fue un propulsor de las Cruzadas para reconquistar a los árabes Tierra Santa. En arte, propugnó una nueva arquitectura desornamentada y funcional. Sus diatribas contra el lujo decorativo de las iglesias benedictinas y su utilización de las bóvedas nervadas hicieron que San Bernardo fuese uno de los que, con mayor fuerza, contribuyó a la aparición del estilo gótico. En España, en donde la orden muy pronto gozó del favor real, adquirió una preponderancia sobre las demás. San Bernardo, que había exaltado el trabajo manual y el cultivo de las tierras, hizo que sus monjes fuesen pioneros, estableciendo nuevas fronteras. La riqueza y el poder de la orden cisterciense, con el apoyo de la corona, muy pronto se multiplicó en España. Entre los primeros conventos femeninos de Gradafes (León), Vallbona de las Monjas (Lérida), Tulebras (Navarra), hay que contar el de Las Huelgas en Burgos, sin duda el de mayor renombre a causa de sus amplios privilegios, crecidas rentas, su cuantioso patrimonio artístico y la magnificencia de su arquitectura.

En segundo lugar, hay que considerar como muy importantes los conventos de monjas clarisas o «damas pobres», fundados por San Francisco de Asis en 1212, al imponer el velo a Santa Clara Favarone y su hermana menor Santa Inés. En España, que después de Italia fue el primer país de Europa que tuvo monasterios de esta nueva orden femenina, se fundaron en el siglo XIII cuarenta y nueve y en el siglo XIV veintitrés. El ritmo de fundaciones siguió creciendo durante dos siglos. En el siglo XV fueron cuarenta y ocho y en el siglo XVI el momento de mayor auge de la orden, ochenta y tres. En el siglo XVII, pese a la decadencia económica, todavía se fundaron sesenta y seis nuevos monasterios. La curva descendió en el siglo XVIII. En la época de la Ilustración, quizá porque ya no había tantas vocaciones femeninas o porque los padres no se atrevían a imponer a sus hijas la entrada en la clausura, sólo se fundan, siete monasterios. Pero en el siglo XIX la orden clarisa en España, al igual que otras congregaciones femeninas, recobró vitalidad, fundándose once monasterios. En el siglo XX se asiste a un reflorecimiento, fundándose diecisiete conventos. Y estos datos estadísticos sin tener en cuenta Hispanoamérica, en donde las clarisas, al igual que las demás órdenes femeninas, durante los siglos XVII y XVIII encontraron un abonado campo de expansión y esplendor urbano. España todavía sigue siendo un país privilegiado para la orden, que en la actualidad cuenta con más de trescientos conventos.

La pobreza y la austeridad fueron siempre norma de las clarisas. El espíritu de San Francisco de Asís se mantuvo con mayor pureza en los conventos femeninos que en los de frailes. Sin embargo, por haberse instalado gran parte de ellos en antiguos palacios o mansiones nobiliarias, sus clausuras son una mezcla de austeridad de vida y lujo artístico. El contraste entre los parcos ajuares y la suntuosidad arquitectónica de algunas estancias resulta notorio. También la riqueza de sus esculturas, pinturas y objetos litúrgicos. No se diga ya cuando se trata de conventos de patronato real. Su tesoro en obras de grandes artistas causa admiración. No hay que olvidar que los reyes consideraban que los monasterios constituían parte de sus palacios. De *Real Casa* califica Méndez de Silva el convento de las Descalzas Reales de Madrid, en donde se retiró a vivir la emperatriz Doña María por su calidad de mansión «digna de ser instrumento de sus glorias y depósito de sus Imperiales cenizas». En las Descalzas Reales se alojaban los príncipes e infantes niños con frecuencia, como cuando Felipe II viajó, en 1580, a Portugal, se recogían las reinas y las infantas cuando había lutos o simplemente cuando tenían ganas de retiro. Al fallecer Margarita de Austria, el rey Felipe III entregó sus hijos a Sor Margarita para que hiciera con ellos el oficio de madre. Pero también había alegrías, días gratos en los conventos. En un viaje a Madrid, desde Valladolid, en donde entonces estaba la corte, se representaron comedias por la noche en las Descalzas para distraer a Felipe III y Margarita de Austria.

Los monasterios medievales y barrocos eran una repetición en el claustro de la vida en el mundo. En ellos se reproducían las clases sociales y las diferencias individuales entre personas, pese a las reglas de la comunidad. En las clausuras las monjas nobles y con fortuna tenían a su disposición un abundante servicio doméstico que muchas veces incluía las esclavas, por regla general negras.

También tenían permitido labrar y amueblar sus celdas particulares que podían llegar a tener anejas una sala de estar, una cocina y una habitación para la criada. Para atajar tales abusos, propios de «la emulación costosa y ajena de la modestia e igualdad que deben profesar» las esposas del Señor, hubo peticiones en cortes y censuras de moralistas. Religiosas como la archiduquesa Margarita de Austria, monja de las Descalzas, dieron ejemplo de humildad y piedad al vivir en la más entera pobreza y obediencia de la regla. Es obligación señalar que al lado de la relajación de determinadas órdenes, en España desde la segunda mitad del siglo XVI se produjo el movimiento de «la descalcez», que se inspira en la estrecha observancia, comenzada en Italia por San Bernardino de Siena y que culminará con la creación de la orden capuchina. Santa Teresa de Jesús y San Pedro de Alcántara serán, en tierras españolas, los animadores de la reforma descalza, que, además de la orden carmelita y franciscana, seguirán otras como la Agustina descalza o recoleta, la Trinitaria y Mercedaria. Una nueva arquitectura de conventos más austeros nace bajo el signo de la desornamentación y austeridad de fachadas e interiores conventuales.

Desde la Edad Media los reyes mimaron, como niñas de sus ojos, sus monasterios femeninos. De capital importancia para el equilibrio de la vida familiar regia, los cuidaban dándoles prestaciones y donaciones sustanciosas. Los conventos de monjas sirvieron para resolver el problema de la guarda del excedente de hembras de estirpe regia. Tanto para las viudas, coronadas o infantas, como para las descendientes bastardas, no se podía encontrar mejor lugar de retiro y colocación. De acuerdo con su categoría y la dignidad social de su rango, encontraban allí el marco virtuoso indispensable para la época. Respetadas y bien servidas, tenían así asegurada su existencia, fuera de las asechanzas del siglo o los vaivenes de la fortuna.

Aparte de las infantas que como Doña Beatriz, la hija primogénita de Don Pedro el Cruel y Doña María de Padilla, o Sor Margarita de Austria, prefirieron el claustro a ser reinas, la mayor parte de las monjas de la familia real lo fueron por obligación o haber sido encerradas en el claustro desde su más tierna infancia. Caso típico fue el de Doña Blanca de Portugal, princesa de vida tormentosa, a la que su tío el rey Sancho III el Bravo le requería el ser monja en las Huelgas. Doña Blanca, que había arrastrado críticas y murmuraciones por haber tenido amores secretos con un caballero, de los que fue fruto ilegítimo un hijo, tuvo que someterse a la voluntad regia, la cual le conminó a «asosegar su fazienda e su vida en orden» y cumplir de esta forma lo que «hasta aqui no lo quiso fazer».

Madame d'Aulnoy, en su famoso *Viaje por España* bajo el reinado de Carlos II dice a propósito de las Descalzas Reales que «a su retiro se acogen también las favoritas del Rey, sean solteras o viudas, las cuales, forzosamente entran en religión cuando el Monarca las abandona». La misma Madame d'Aulnoy al hablar del Monasterio de Las Huelgas de Burgos pinta a lo vivo el cuadro de la vida conventual en el Siglo de Oro, según se lo traza la andaluza, Marquesa de los Ríos. También menciona a Sor Margarita de la Cruz y Austria, la nieta del pintor Ribera, hija natural de Don Juan José de Austria, encerrada desde su nacimiento en las Descalzas. Del otro Don Juan de Austria, el vencedor de Lepanto, era hija natural Doña Juana, que en 1610 fue nombrada abadesa perpetua de Las Huelgas. En las Descalzas de Madrid fueron monjas las bastardas Sor Ana Dorotea de Austria, hija del emperador Rodolfo II, Sor Mariana de la Cruz y Austria, hija del infante Don Fernando, cardenal arzobispo de Toledo y gobernador de los Países Bajos.

En la Encarnación que según Novoa un cronista de la época, la reina Margarita había hecho la fundación «con intento de poner en él las hijas de los criados de su casa que por falta de dotes carecían de este remedio», pero que «empero la veneidad e hipocresía de algunas personas eclesiásticas que sirven en Palacio, y con capa tienen más ambición que virtud... le aconsejaron que no recibiese doncella que no fuese hija de gran señor» fue superiora una hija bastarda de Felipe IV,

Sor Margarita de San José. Ingresada cuando tenía doce años, murió muy joven, a los veintisiete años. Su padre que la quería mucho, hizo que su toma de velo fuese suntuosísima.

Monasterios con palacio real o palacio real convertido en monasterio, los cenobios de recogimiento, fundados por los reyes, eran ante todo conventos palatinos. Su arquitectura, tanto en su exterior como en su interior, estaba dotada de los dispositivos necesarios para cumplir su alta función aúlica. Aunque similares a los demás conventos son portadores de un cuño o sello inconfundible. Una discreta y austera elegancia les confiere una majestuosa gravedad.

COROS, RELICARIOS Y MOBILIARIO LITURGICO

En todos los monasterios palatinos encontramos distintivos evidentes de su alto rango y regia función. Algunos, como el de la Encarnación de Madrid, tenían pasadizos cubiertos entre el Palacio Real y la iglesia de la comunidad, con el fin de que los reyes no tuviesen necesidad de salir al arroyo cuando acudían a sus funciones o ceremonias religiosas. Cuando la mansión real formaba un bloque compacto con el monasterio lo hacían a través de pasillos. En todos los monasterios existen dispositivos adrede para el uso público como la tribuna real que comunica los departamentos y las habitaciones reales con la iglesia, con el fin de que desde ella el rey y su familia asistan a los oficios religiosos. Colocada mirando hacia el Altar Mayor, este último es siempre el punto de mira principal de la iglesia, la tribuna pertenece a la parte o área pública en la que también se encuentran las rejas del coro, ya alto o bajo, de las monjas o el carente de todo cierre o celosía de los monjes. Del convento es siempre pieza esencial el coro, espacio dedicado a ser lugar de oración colectiva, de rezo y meditación de la comunidad. Con su sillería, sus imágenes escultóricas y pictóricas, sus pequeños altarcillos y su órgano de música, es la estancia casi principal del monasterio, la mejor alhajada desde el punto de vista de la religiosidad, en la que mayor número de horas pasan en común las madres llamadas de coro, es decir las monjas profesas. Sólo la Capilla o Sala de las Reliquias, que dentro de la clausura atesoran miembros y cuerpos incorruptos, mechones de cabellos, huesos, cenizas, restos líqueos, maderas y tejidos de la más variada procedencia, pueden rivalizar en categoría con el Coro. La riqueza de reliquias de los conventos reales es extraordinaria, tanto por el origen e importancia de los Santos como por los relicarios, cofres, urnas o soportes en los que guardan o se exponen los restos de los Santos. Piezas que el rey hacía venir de muy lejos, para cuya obtención se movilizaban las embajadas diplomáticas y las mayores influencias políticas, las reliquias de los monasterios estaban consideradas como bienes preciosos que la comunidad guardaba celosamente y a las que los reyes, además de prestar veneración, utilizaban como alivio o remedio de sus enfermedades, propias o de sus deudos más queridos.

La riqueza de mobiliario litúrgico es también distintivo de los monasterios reales. En el caso de Las Huelgas, las telas que forraban los ataudes de madera o componían los suntuosos trajes de ceremonia que amortajaban los cadáveres constituyen un verdadero tesoro para conocer los tejidos orientales. Con pendones arrebatados al enemigo y con telas venidas a través de la España musulmana los cristianos confeccionaban casullas, envolvían preciadas reliquias o forraban cajas y ataudes. Usados con fines ornamentales los tejidos cobraban así gran importancia. También los tapices, que desde la Edad Media servían para arropar los desnudos muros de los palacios instalados en los monasterios, adquieren al ser utilizados litúrgicamente un valor de culto honorífico a la divinidad. Una serie como la del Apoteosis de la Eucaristía de Pedro Pablo Rubens, regalo de la Infanta Isabel Clara Eugenia, gobernadora de los Países Bajos, al monasterio de las Descalzas de

Madrid, era, a la vez que un presente regio, una ofrenda de alto valor simbólico. Vista y disfrutada por la comunidad y aquellos que, todos los años, acuden a las procesiones del Corpus Christi y del Santo Entierro en el claustro público del monasterio, esta serie sirvió siempre de lección dogmática a la vez que de ornamento admirable por su esplendorosa belleza.

ESTILO ARTÍSTICO Y ARQUITECTURA MONÁSTICA

Intentar una síntesis estilística de los monasterios de patronato real es tarea casi imposible. Cada tiempo marca el arte de los constructores, el estilo arquitectónico de los edificios que cronológicamente comprenden desde lo medieval hasta lo renacentista y lo barroco. Sin embargo, al igual que en el discurrir del arte español, se pueden trazar los grandes lineamientos de su evolución formal.

En los monasterios medievales, de Las Huelgas en Burgos y de Santa Clara en Tordesillas, aparte de lo gótico, encontramos el mudejarismo, tan definitorio de unos países que, como los de la Península Ibérica, desde la invasión de los musulmanes hasta su expulsión, sufrieron la influencia del arte sarraceno. Nadie mejor que el gran historiador de la arquitectura medieval Don Leopoldo Torres Balbás para explicarnos la floración de un gusto que determinó no sólo las formas arquitectónicas sino también la moda en el vestir. Según sus palabras «la época de más intenso mudejarismo artístico abarca desde los últimos años del siglo XII hasta la entronización de la dinastía de los Trastamaras, en la segunda mitad del siglo XIV, es decir, desde Alfonso VIII hasta Pedro I, monarca este último completamente oriental, amigo de moros y judíos. Durante su reinado apenas llegaron a la Península corrientes renovadoras de arte gótico, cuya fuerza de expansión estaba totalmente agotada. Es la época en la que, por influencia renovada por los palacios islámicos, pues comienza en el reinado de Alfonso VIII, reyes y grandes señores castellanos, habitantes hasta entonces de castillos y casas humildes, desprovistas de comodidades, sugestionados por el lujo y la vida refinada de la Andalucía islámica siguiendo el ejemplo de Alfonso XI y Pedro I en Tordesillas y Sevilla, respectivamente construyeron palacios y viviendas al estilo granadino. Hasta los monarcas de Aragón y Cataluña, acostumbrados por influjo de la entonces floreciente Italia a edificaciones más ricas y vida doméstica que los castellanos, llamaron a artistas para la construcción y decoración de sus residencias».

Oriente y Occidente confundidos o por separado, pero juntos, el uno al lado del otro. He aquí España en la Edad Media. Fastuosas arquitecturas de palacios árabes para reyes y príncipes cristianos, casas de placer y holganza que conocerán la molicie, la música, la danza y los devaneos amorosos, luego convertidos en monasterios, en silenciosos ámbitos en los que reina la penitencia y la meditación. Dos mundos dispares y a la vez complementarios. España, puerta dorada entre Europa y África, entre el arte procedente de los países francos y germánicos y los lejanos pueblos árabes. Dos civilizaciones encontradas. Para los románticos extranjeros, el viaje a España fue, en el siglo pasado, un baño de exotismo. Ya en Burgos, en tierras de Castilla la Vieja, encontraban el Oriente, soñado poéticamente por su imaginación crecida en los brumosos países del norte. Las capillas mudéjares, antiguas salas palatinas encerradas en las clausuras negadas a sus ojos, eran en su secreta existencia un anuncio del Sur, de la fantástica belleza exótica del arte musulmán. Si las hubiesen conocido su imaginación habría alcanzado un vuelo más alto.

Con El Escorial, el arte español adquirió un rigor de ascetismo arquitectónico, no superado por ningún otro arte en Europa. Tras la opulencia plateresca del Renacimiento, el Arte Trentino, el nuevo templo de Salomón levantado por Felipe II, El Escorial es el paradigma estilístico de la

Contrarreforma. A su lado, los conventos de las Descalzas y de la Encarnación en Madrid son ejemplos singulares y a la vez complementarios de una España campeona del Catolicismo, de las formas devocionales que arquitectónicamente se traducen en el grave y austero estilo herreriano, en espera de la ulterior floración y exuberancia del barroco. El ciclo estilístico de un arte que va de la máxima sobrecarga enfática del ornamento a la desnudez y simplicidad más extremas, para luego recomenzar un ritornello que es definitorio de una manera de entender el arte y la vida, de dos actitudes polares, de todo o nada.

LAS HUELGAS

A poco más de un kilómetro de Burgos, la *Caput Castellae*, Cabeza de Castilla, ciudad del Cid y Fernán González, se encuentra el monasterio de monjas cistercienses de Las Huelgas Reales, según autores antiguos el más ilustre de su orden en toda la cristiandad. Unido hoy a la población urbana, todavía a principios de nuestro siglo el conjunto monasterial se encontraba completamente aislado, en medio del campo, encerrado dentro de su recinto amurallado a manera de una pequeña ciudad fortificada. El monasterio, con el palacio real, casas y dependencias, plazas o «compases» –el de dentro o de Alfonso XI y el de fuera, en el cual se celebraban mercados– era una verdadera ciudadela dependiente de la abadesa, auténtica señora feudal, cuya extensa jurisdicción y copiosas rentas la convertían en una autoridad con inmenso poder. La abadesa de las Huelgas, de cargo vitalicio, con derecho a mitra y báculo, con exenciones y curia propia, tenía un poder similar al de un obispo. Sus privilegios espirituales y temporales, *a nullius*, fueron abolidos por bula papal en 1873. Durante siglos fue la dueña y señora de tan rica fundación regia. Damas de alta alcurnia ocuparon el cargo vitalicio, gobernando la abadía con firmeza. Además de las numerosas tierras que poseía el monasterio la abadesa gobernaba el Hospital del rey que situado cerca del monasterio, junto al frondoso soto del Parral –uno de los lugares más amenos de la ribera burgalesa– había sido levantado para albergue de peregrinos a Compostela. Con su enorme edificio renacentista, hoy abandonado, fue una de las instituciones más visitadas por aquellos que recorrían el Camino de Santiago. Con la ermita cementerial de San Amaro, el devoto peregrino francés que abandonó todo su mundo para cuidar a los peregrinos, este Hospital forma un conjunto monumental de primer orden y gran belleza.

El paraje, a orillas del río Arlanzón, es tan ubérrimo que su nombre de Las Huelgas procede de la abundancia de pastos que servían de holganza y engorde del ganado. Todavía el poeta Federico García Lorca, en 1918 al visitar el monasterio en sus inmediaciones «vio pasar unas vacas de leche que iban sonando sus esquilas en el aplanamiento devoto de la tarde». Los alrededores deliciosos de Las Huelgas todavía nos evocan un mundo medieval de señoril empaque, mezclado a la simplicidad de la vida campesina castellana.

Fundación del rey Alfonso VIII de Castilla, el vencedor de la batalla de las Navas de Tolosa y de su esposa la reina Leonor de Inglaterra, el monasterio de Las Huelgas en 1187 estaba ya dotado y habitado por monjas cistercienses. Según el arzobispo D. Rodrigo Ximenez de la Rada el monasterio de «duennas» fue fundado «por los muchos y por el grande afincamiento de la muy noble reina donna Leonor». Al parecer, su creación fue llevada a cabo en desagravio por el gran pecado del rey Alfonso contra Dios y la reina. Alfonso VIII que en su juventud había cometido un crimen pasional y en Toledo había vivido bajo los hechizos de una judía, la cual acabó víctima propiciatoria de unos solícitos cortesanos, ofreció a su mujer este monasterio en el que no sólo instaló su palacio sino también su panteón familiar. En las tres naves de la iglesia de Las Huelgas, acabada en 1279, están enterrados, además de Alfonso VIII y Doña Leonor, su hija Doña Berenguela, la madre de San Fernando, el malogrado rey Enrique I, hijo de Alfonso VIII, muerto de una pedrada y cuyo cráneo fue trepanado en una curiosa operación quirúrgica; el infante de la Cerda, hijo primogénito de Alfonso X el Sabio; otros treinta miembros de la familia real, infantes e infantas y algunas monjas del monasterio. Estas tumbas son parte de la historia de España, en un momento en que las luchas por el poder y la Reconquista caminaban a la par. Don Manuel Gómez Moreno, que abrió los sepulcros para exhumar las ricas mortajas y preseas que aún atesoraban en su interior después del pillaje de las tropas francesas, acuarteladas en el monasterio durante la invasión napoleónica, resume esta etapa como un momento de esplendor y de reajuste unitario contra el Islam, tras la recuperación de las ruindades egoistas del siglo XII y el amargor de las tragedias que acompañaban la vida de muchos de los monarcas medievales dominados siempre por las pasiones humanas.

Hasta no hace muchos años, el monasterio de Las Huelgas permanecía cerrado a los visitantes que sólo conocían su exterior, con el bello pórtico lateral y crucero de la iglesia, al cual se abría la reja del coro, a través de la que se entreveía el sepulcro de los fundadores. Sólo el rey tenía derecho a entrar una vez al año en la clausura, de la que hoy se recorre la mayor parte en torno a los claustros, el más grande gótico y otro más pequeño, llamado «las claustrillas», de la época de Alfonso VIII, de estilo románico.

La visita, tal como la hacen los turistas en la actualidad, comienza por la cabecera de la iglesia. Construida en estilo gótico francés, muy puro, del primer tercio del siglo XIII, con el claustro llamado de San Fernando y la Sala Capitular, su conjunto por su elegancia y perfección sólo es comparable a la cabecera de la Catedral de Cuenca, la giralda de la Catedral de Toledo y el refectorio del Monasterio de Santa María de Huerta, en la provincia de Soria. En este ábside y parte del crucero, que siempre estuvo abierto al público, al pie del gran retablo barroco del Altar Mayor, de gigantes columnas salomónicas, se encuentra el Coro de los capellanes del monasterio. Con su gran órgano, este coro, compuesto de veintiseis sillas, es muestra de la abundancia de sacerdotes de que dispuso el monasterio para su servicio litúrgico. Aparte de los cuadros y los suntuosos tapices que recubren el crucero de la iglesia, lo que más llama la atención es el púlpito giratorio de hierro, para predicar indistintamente al público o a la comunidad, junto a la reja del coro de las monjas y la pintura mural de la batalla de las Navas de Tolosa que pintada en los últimos años del siglo XVI para conmemorar la victoria contra los moros del rey Alfonso VIII, recubre este tercero.

Al entrar en la parte cerrada de la iglesia, resulta impresionante encontrarse con el Panteón Real. En la nave lateral del lado del Evangelio, llamada de Santa Catalina, se ven tumbas adosadas a los muros, bajo arcosolios, como la del infante D. Fernando de la Cerda o sueltos sarcófagos de piedra de tapas a dos vertientes, la mayor parte enteramente lisos al haber perdido las pinturas que decoraban su exterior. Todos ellos están sostenidos por pequeños zoquetes o canes labrados, de forma que constituyen, como es costumbre en los reyes, un impresionante conjunto de muertos insepultos.

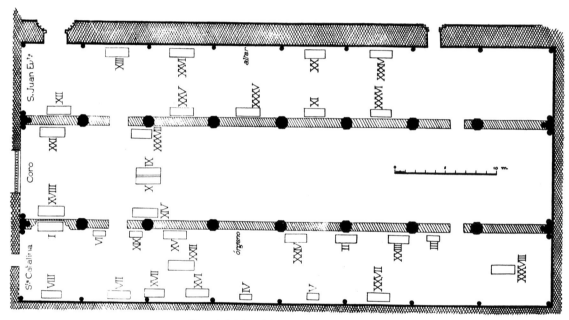

Naves de la iglesia de las Huelgas, con sus sepulcros.

La nave central está ocupada por el Coro de las monjas. Es la parte más rica y alhajada. Es un verdadero salón sacro, con una enorme sillería y un magnífico órgano. Junto al muro que cierra la reja con sendos altares, cuelgan espléndidos tapices con efigies de emperadores romanos. Un patético y teatral grupo escultórico con el Descendimiento de Cristo, de la época gótica, preside la oración de las monjas, que en el medio del coro tienen los sarcófagos gemelos de Don Alfonso VIII y Doña Leonor. Las preces por los monarcas fueron así desde su muerte constantes, día y noche. En el mismo coro, a los lados, hay varias tumbas, la de Doña Blanca de Portugal, de la reina Berenguela, madre de San Fernando y la de la infanta Berenguela, hija de San Fernando y la de Doña Margarita de Saboya o de Austria, duquesa de Mantua. A los pies, en el transcoro, de reja manierista, se encuentra la sepultura de Doña Ana de Austria, hija de Don Juan de Austria y abadesa perpetua del monasterio.

Tras recorrer la nave de San Juan, en el lado de la Epístola, también con tumbas de infantes, casi todas monjas del monasterio, se pasa al claustro grande o de San Fernando, al que se abren la Sala Capitular y el Museo de Telas y Preseas exhumadas y estudiadas por Don Manuel Gómez Moreno en

1942. Museo éste impresionante por ser el más importante en España de su género. Rico en telas árabes y orientales, realizadas algunas en Andalucía mora y otras en talleres castellanos con mano de obra musulmana, es un muestrario de sargas, tafetanes, cendales, velos y cordobanes que sirvieron para forrar los ataúdes o vestir a los cadáveres. En sus vitrinas se exhiben trajes de aparato y ceremonia, ropas interiores y zapatos que amortajaban a los regios difuntos, a los que los soldados napoleónicos despojaron de sus joyas. Pero la tumba de Don Fernando de la Cerda, que por fortuna quedó intacta, proporcionó al Museo las piezas más extraordinarias. Vestido de aparato, el hijo primogénito de Alfonso X el Sabio, que no llegó a ser rey de España, estaba intacto, con los brazos cruzados sobre su pecho, ataviado con birrete, cinturón, espada, anillo, acicates y espuelas. Hoy sabemos cómo se enterraba a un príncipe, heredero de la corona. Los cadáveres momificados de las monjas tenían alfileres metálicos para sus tocas. Junto con estas telas rescatadas a la muerte, hay que recordar la del pendón tomado al enemigo en la batalla de las Navas de Tolosa, tan decisiva para la Reconquista, pues hizo posible el posterior avance cristiano hacia el sur. Las conquistas de Córdoba y Sevilla por Fernando III el Santo no se hubiesen producido sin antes haberse logrado esta victoria, ganada al final de su vida por Alfonso VIII, el cual donó al Monasterio de Las Huelgas el pendón que llevaba el derrotado Mohamed ben Yacub, llamado Miramamolín. De tapiz de alto lizo sobre trama de oro, con sus colores azules y amarillos, sobre fondo rojo, lleva inscripciones árabes de carácter piadoso de escritura cúfica. Esta magnífica pieza se sacaba en procesión el día de «corpillos», haciéndola tremolar en el compás de Alfonso XI, el capitán general de Burgos.

Lo primero que llama la atención en el claustro de San Fernando es la bella y exquisita puerta de la Sacristía. Obra de carpintería mudéjar, quizá de siglo XI, es, lo mismo que las yeserías de la puerta de acceso al claustro, una intromisión oriental en la pureza occidental del gótico, estilo que logra su más perfecta expresión en la Sala Capitular, de esbeltas columnas de capiteles sin labrar y altas bóvedas de ojiva. Semejante al gótico de la catedral de Sigüenza, pertenece al momento de la aparición en España del estilo. Hoy nosotros ante los retratos de las imponentes madres abadesas que, junto con tapices, cuelgan de sus muros, imaginamos las grandes sesiones de gobierno de la comunidad que allí tuvieron su asiento.

Al entrar en el claustro pequeño, llamado de las Claustrillas, retrocedemos en el tiempo y en el arte. Allí encontramos el estilo románico. Es la parte más antigua del monasterio. Pertenece a la época de Alfonso VIII. Su arte arcaico es ajeno al espíritu de lo cisterciense. Todavía aún más extrañas son la capilla de la Asunción y la aledaña capilla de Santiago, esta última edificación independiente en el jardín o huerto del convento. Su arte ya no es cristiano sino musulmán. La capilla de la Asunción es de albañilería morisca toledana, cubierta de bóveda de nervios entrecruzados. Su estilo es semejante al de las obras de los almohades. Otro tanto sucede con la de Santiago, cuya fábrica debió, lo mismo que la anterior, ser construida por obreros moros, de los que tenemos noticias de que trabajaron para el monasterio incluso en fechas muy posteriores a las de la construcción de estas capillas.

La capilla de Santiago, apartada y con acceso independiente para no perturbar la vida en la clausura del monasterio femenino, merece la atención del visitante. En ella se armaban caballeros los reyes. Al fondo de un sendero se abre el arco de herradura de su portada. Su interior es un simple rectángulo de muros lisos, con una capilla mayor cuadrada, cubierta con un alfarje de carpintería morisca sobre un zócalo alto o cornisa de yeserías mudéjares. Su arco triunfal tiene aún reminiscencias califales. En su ábside se encuentra la importante estatua sedente de Santiago Apóstol, vestido de guerrero con coraza y espada empuñada. Su rostro es muy hermoso, con cabellera larga, barba partida en dos y la mirada perdida en la lejanía como escrutando el futuro. Su porte es majestuoso, semejante a la de los cristos monumentales de las catedrales góticas francesas.

Escultura del siglo XIII, tiene la particularidad de estar articulada de forma que, por medio de un cordón, mueve el brazo que blande la espada. Fernando III el Santo a quien nadie, por ser rey, le podía armar caballero, inventó este artilugio mediante el cual fue el Santo Patrón de España quien le dio el espaldarazo o acolada. Con esta ingeniosa y rudimentaria mecánica se armaron caballeros en las Huelgas otros reyes; Alfonso X, Alfonso XI, Enrique I, Juan I, y el rey Eduardo I de Inglaterra. Simulacro que producía mayor impacto que la realidad misma, su existencia es prueba del juego constante que entraña la fantasía caballeresca. Al igual que en el siglo XIX el wagneriano rey loco Luis II de Babiera recorría los románticos lagos de sys germánicos, castillos neogóticos en cisnes mecánicos y en su dormitorio hacía surgir, por medio de un ascensor, una mesa con un desayuno servido o maniobraba una manivela para hacer caer una espumosa cascada delante de su ventana, así los reyes castellanos satisfacían su sueño de leyendas guerreras, siendo armados por el Santo que había ganado la Batalla de Clavijo. La imaginación siempre fue privilegio de reyes, aún de los más cuerdos. O de personajes pintorescos. A este propósito recordemos cuando Don Eugenio d'Ors, en 1937, veló las armas de la caballería de la Falange en la iglesia de San Andrés en Pamplona. ¡Original manera de cruzarse caballero un pensador!

Evocar las idas y venidas a Las Huelgas de los reyes y de su familia, sus partidas para la guerra y sus recibimientos fastuosos tras sus victorias, las fiestas y las ceremonias cortesanas y religiosas celebradas en sus compases, el incesante e inacabable tráfago de guerreros, damas ilustres, santos, mercaderes y personajes de toda condición que visitaron el lugar o que moraron en sus alrededores bajo la omnipotente jurisdicción de la madre abadesa, sería tarea sin fin. En Las Huelgas se coronaron, además de Fernando III el Santo, Alfonso XI y su hijo Enrique de Trastámara. Alfonso X invistió caballero a Eduardo de Inglaterra, cuya boda se celebró con pompa extraordinaria en Las Huelgas. También allí se celebró el matrimonio de Don Fernando de la Cerda, primogénito del rey sabio, con Doña Blanca, hija de San Luis Rey de Francia. El tristemente famoso Don Pedro el Cruel nació en el viejo Torreón del Palacio de Las Huelgas. Más tarde, la reina Isabel la Católica, al venir a exhumar, en 1483, los restos de su padre enterrado en la Cartuja de Miraflores, se hospedó en Las Huelgas, el monasterio femenino cabeza de su orden en España y una de las casas de mayor alcurnia de la Península.

No hay que olvidar ni al maestro Ricardo, arquitecto del convento ni los moros que repararon los edificios del monasterio y que sabemos se albergaron allí en el siglo XIV. Tampoco al venerable Bernardino de Obregón, que nacido en el siglo XIV en los Reales Compases, fue creador de la orden de los Siervos de los Pobres. Actos y efemérides nos hablan de la intensa vida de la población que vivía en torno al monasterio, siempre bajo el gobierno de la abadesa, verdadera señora feudal. A este propósito no queremos dejar en el olvido, a la primera de todas. Su nombre, Doña Sol, evoca un mundo poético, luminoso, místico y legendario. Quizá nuestra visión está sublimada, adrede, por la lejanía que borra las rudas asperezas de la vida medieval.

Hoy, pasado el tráfago y tropel humano, el monasterio vive replegado sobre sí mismo, como en letargo, en la quietud y el silencio, sólo alterado por los motores de los autocares y los automóviles de los turistas. En nuestro siglo, sólo en un momento crucial de la historia de España, volvió a vivir un instante de intensa actividad política. En una lápida colocada en el interior del arco de entrada al compás de dentro, se lee la inscripción conmemorativa del Primer Congreso Nacional de FET y de las JONS, celebrado el 2 de diciembre de 1937. Hoy, pasados cuarenta y siete años, nos imaginamos el frío que debieron pasar en aquel día del «II Año Triunfal», los Consejeros de Falange que, junto con el general Franco, juraron dar «su servicio y vida en Holocausto de una España Imperial, Grande y Libre». Burgos de nuevo recuperaba así momentáneamente su papel rector de *Caput Castellae*. Los asistentes, al calor de su entusiasmo «nacionalista», creían revivir para la Eternidad una España ya pretérita. El tiempo histórico no perdona nada. La Edad Media quedaba ya muy atrás, con sus legendarios monarcas y sus caballeros andantes. Sólo las monjas, en su permanente quietud espiritual, eran testigos mudos de la incansable mudanza del mundo.

Federico García Lorca, en su primer libro *Impresiones y Paisajes*, publicado en 1918, nos da una visión estática del monasterio de Las Huelgas. Ante los sepulcros regios, «montones de piedras labradas que encierran un hueso o la asfixiante obscuridad», «arcones de podredumbre», medita sobre la muerte y el tránsito de las vanidades humanas. Pero su espíritu de poeta está seducido por la romántica sugestión femenina del cenobio aristocrático. Su visita del monasterio está animada por la presencia de las monjas que, presurosas, cruzan los claustros arrastrando las largas colas de su hábito. Como en una ensoñación sentimental o de cuento oriental, describe las monjas «vestidas de blanco con los velos negros, las caritas sonrosadas y plácidas, rodeadas del elegantísimo turbante» y los retratos de las abadesas antiguas de la sala capitular, con sus «figuras esbeltas y aristocráticas, cuyas manos admirables de blancura sostienen los báculos, que son inmensas flores de plata...». Pero cuando su visión candorosa de lo monjil adquiere mayor intensidad es cuando, antes de partir del monasterio, una religiosa «soltó su cola para parecer un pavo real, enorme como la "Manzana de Anis" de Francis Jammes». Era la hora del toque de oración y en la rumorosa tranquilidad de la tarde había un «aplanamiento devoto». García Lorca, sensible a la belleza, no podía menos que prestar toda su atención al vistoso y elegante hábito de las monjas, verdadero traje medieval de corte, de larga cola que a diario llevan recogida dejándola colgar en las grandes solemnidades. La alcurnia regia y señorial se manifiesta así como viva reminiscencia del pasado más remoto.

Al dejar a lo lejos Las Huelgas, con sus blancas torres recortadas en el prístino y azul cielo de Castilla, el visitante deja tras sí la legendaria Edad Media. Reyes y reinas, infantas, monjes, caballeros, mercaderes y peregrinos y santos forman un tropel fantástico y abigarrado. Pasiones, luchas y guerras se esfuman en nuestra memoria. Parece que la niebla del río se ha levantado borrando las flechas agudas de la ciudad. Los árboles de la ribera parecen fantasmas. Lo único que perdura, firme y real, es la mística paz del cenobio en el que las religiosas han ofrendado su retirada y silenciosa existencia.

TORDESILLAS

El río Duero atraviesa Castilla, fecundando sus márgenes de placenteras vegas que contrastan con las secas planicies del interior de la Península. Su caudaloso curso corta el austero paisaje de llanuras inmensas y sin arbolado. En el verano el plateado filo del río, las verdes praderías y los blancos álamos, junto con las pomposas vides de sus colinas circundantes, contrastan con el dorado de los trigales inmensos, con el mar sin fin que lo rodea. El cielo azul se funde entonces con las lejanías de dilatados horizontes. En invierno la riqueza cromática se concentra en tonalidades severas, de oscuros ocres y fríos grises, en malvas macilentos, acentuando la belleza de una desnuda tierra de recortadas líneas, de panoramas infinitos.

Tordesillas, villa construida sobre el Alto u Oter de Siellas, tiene una geográfica posición privilegiada. Cerro fortificado, de los Montes Centrales, con su desaparecido Alcázar, era una población clave entre el Norte y el Sur, el Este y el Oeste; entre Valladolid, Madrigal de las Altas Torres y Villalar; no lejos de Medina del Campo. El río Duero, cuyas aguas van a desembocar a Portugal en Oporto, describe en Tordesillas, remansado, una amplia y majestuosa curva. En el espejo de sus tranquilas aguas, se reflejan el puente de diez ojos y el perfil de torres y capiteles de la ciudad. Al llegar por el margen izquierdo, el viajero puede contemplar la silueta de edificios alineados de Tordesillas, centro histórico en un cruce de caminos importantes, lugar de paso que a fines de la Edad Media fue residencia Real.

La Historia de España y la Historia Universal, en un momento decisivo para el mundo moderno pasaron por la encrucijada de Tordesillas. El 7 de junio de 1494 se firmó entre el rey de Portugal y los Reyes Católicos el famoso *Tratado de Demarcación*, por medio del cual se fijaba cuál era el límite de las posesiones transoceánicas de los portugueses y cuál el de los españoles, tal cual lo definían las bulas alejandrinas. confirmadas posteriormente, en 1506, por el Papa Julio II. De acuerdo con este tratado, se dividió el Nuevo Mundo descubierto por las navegaciones de los españoles y los portugueses. Hasta las 370 leguas, a Occidente de las Islas de Cabo Verde, correspondía a los lusitanos, de forma que Brasil caía bajo su dominio. Tordesillas también fue el lugar de reclusión, durante 46 años, de la reina Doña Juana la Loca. Demolido en 1771, el Alcázar o Castillo Real en que vivió encerrada la desventurada hija de los Reyes Católicos, hoy no queda más que el recuerdo de su fatídico suedoreinado. Doña Juana que anduvo errante con el féretro de su marido entre Burgos y varios pueblos de Palencia, acabó siendo internada en Tordesillas por su padre el rey Fernando el Católico en el inhóspito Alcázar, en donde, en el siglo XIV, había estado desterrada por Juan I de Castilla su esposa Doña Leonor que, al igual que Doña Juana, no salió del castillo hasta su muerte. También, en 1430, había sido prisión de la reina Leonor de Aragón, para que no pudiese apoyar las pretensiones de su belicoso hijo. Encerrada Doña Juana, el cadáver de Felipe el Hermoso lo pusieron en la cercana iglesia del convento de Santa Clara, de manera que la reina pudiese tener a su vista el ataud. Dos años después, agravado el estado mental de Doña Juana y olvidada del difunto, el cadáver de Felipe el Hermoso fue trasladado al Panteón Real de Granada. A la reina loca le fueron a visitar, a su llegada a España, en 1517, sus hijos Carlos y Leonor. El futuro emperador Carlos V, salvo otra vez en 1520, no volvió a visitar a su madre demente. Tomada Tordesillas por los Comuneros, éstos quisieron obligarla, a firmar decretos en contra de la soberanía de su hijo. No lograron nada de Doña Juana. Indiferente con la vacía mirada, perdida en una lejanía indecisa, la reina salvó así la continuidad de la monarquía. Cuando en 1555 falleció, su cuerpo insepulto permaneció en el monasterio de Santa Clara hasta que fue trasladado, en 1573, a la capilla Real de Granada, en donde están enterrados sus padres, los Reyes Católicos y su adorado marido, Don Felipe el Hermoso.

Otros hechos históricos tuvieron lugar en Tordesillas. El rey Juan II, en el momento de las luchas de los bandos entre los infantes de Aragón y Don Álvaro de Luna, tras fallidas conferencias, fue cercado por el rey de Navarra. Sucedía esto en 1438, denominándose la situación de sitio el «Seguro de Tordesillas». Alfonso XI y Don Pedro el Cruel fueron los constructores del Palacio, hoy monasterio de Santa Clara. En él vivieron momentos de holganza. Lugar de destierro en 1618, del Duque de Lerma, que había sido el válido todopoderoso de Felipe III, fue lugar de etapa de Napoleón Bonaparte, cuando en 1808, estuvo en España tras invadir la Península. El emperador de los franceses fue alojado en el monasterio. En el escueto parte de guerra, se hace constar que «L'abbesse a été présentée à l'Empereur». Ninguna crónica nos cuenta cómo fue la entrevista, forzada, entre la abadesa del monasterio y el intruso.

En el monasterio de Santa Clara se conserva una pequeña tabla o ex-voto, de contenido alusivo a un hecho anecdótico que le sucedió a la reina Isabel la Católica. Estaba la reina en el puente cuando a un caballero se le escapó la rienda con que sujetaba a un toro. El miedo en la villa fue grande. Despavoridas corrían las gentes. Valientemente Hernando de Vega, linajudo caballero de Tordesillas, se puso delante de la reina y con una lanza mató al toro. Sin duda esta hazaña taurina dio origen al famoso «toro de la Vega», fiesta en que, todos los años, en el martes de la Peña, día de la virgen patrona de la ciudad, se suelta un toro que, acosado y perseguido por los zagales y los mozos de

Tordesillas, baja corriendo hasta la vega, atravesando el puente sobre el Duero en donde recibe la muerte con un rejón.

En el siglo XVI, Lorenzo Vitale hizo una descripción entusiasta de la villa. En la misma época, el diplomático veneciano Andrea Navaggero elogia los apacibles y alegres alrededores de Tordesillas y sus hermosas casas. En el siglo XVIII el académico abate Ponz repetía casi al pie de la letra idénticas alabanzas. Tordesillas según sus palabras, tenía parajes muy cómodos para paseos y «las casas, calles y templos y el empedrado de las mismas calles son partes muy decentes». Villa de tamaño mediano, con bellos monumentos arquitectónicos, Tordesillas cuenta, además, con el atractivo de su Plaza Mayor, de trazado regular y armónicas proporciones, uno de los ejemplos más destacados del urbanismo castellano.

El monasterio de Santa Clara es, sin lugar a dudas, la gloria más preciada de Tordesillas. Situado en la extremidad de la eminencia sobre la que se asiente la villa, en el lugar en que el río se curva y remansa, Santa Clara yergue el buque de su iglesia gótica, con sus altos miradores de celosías desde los que las monjas pueden contemplar el panorama de la vega y la llanura castellana. En los días claros, desde la terraza de entrada a la iglesia se puede divisar Medina del Campo, ciudad otrora famosa por sus ferias. Santa Clara de Tordesillas, de sobria arquitectura gótica, sin torres, con nada más que una simple espadaña, evoca la iglesia matriz de Asís, la patria de San Francisco y de Santa Clara, la fundadora de la orden de las «damas pobres».

Antes de ser monasterio, el edificio de Santa Clara fue palacio Real. Levantado a mediados del siglo XIV, entre 1340 y 1344, por el rey Alfonso XI, al parecer con el botín de la batalla del Salado, la «pelea de Benamarín», este palacio fue construido por mudéjares toledanos, conocedores de la arquitectura andaluza almohade y granadina. El rey Alfonso XI, conquistador de Algeciras y Gibraltar, fue el introductor del gusto castellano por los palacios moriscos. El palacio de Tordesillas, habitado primero por su viuda y después por su hijo y sucesor, el rey Pedro I el Cruel y su favorita Doña María de Padilla, es, con Las Huelgas de Burgos y el Alcázar de Sevilla, construido por Pedro I el Cruel, el paradigma de la afición que los reyes cristianos sintieron por el arte de sus enemigos. La moda morisca que dura hasta pasado el Otoño de la Edad Media, hará furor en el reinado de Enrique IV el Impotente, que se vestirá como un musulmán y decorará el Alcázar de Segovia como si fuese un palacio oriental.

Por disposición testamentaria de Pedro I el Cruel, el palacio de Tordesillas pasó a monasterio de Clarisas. En él profesó su hija primogénita, tenida con Doña María de Padilla, la infanta Doña Beatriz. Sin duda la decisión de tomar el hábito de religiosa, fue deseo de la infanta que, cansada de tanto horror en torno a ella, prefirió ser monja a heredar el trono de Castilla y casarse con el infante Don Fernando, heredero de Portugal. Don Pedro, quizá desengañado, hizo esta ofrenda religiosa para lavar sus pecados políticos y el pasado galante de su agitada biografía. La transformación de lo que fueron habitaciones de placer en austeras celdas y estancias monjiles no fue difícil.

En realidad la decoración de los palacios, excepto las yeserías moriscas, las techumbres doradas y las pinturas murales se reducía a los elementos movibles –taburetes y mesas de estrado, cojines, alfombras y tapices– que los aposentadores colocaban antes de llegar los monarcas, cuya nómada existencia no les permitía disponer de un pesado ajuar, propio de palacios en los que el uso estable es permanente.

Al igual que en los palacios musulmanes, las estancias principales del palacio convertidas luego en monasterio, se encuentran en la planta baja. Lo primero que en Tordesillas nos llama la atención son, al exterior, los restos de la fachada palatina, de puerta adintelada y decoración de arcos lobulados en un paño de sebka. Similar a la fachada del Alcázar de Sevilla, no se sabe si es anterior o una copia simplificada de la misma. En el interior, el visitante queda seducido por la secuencia de frescas y pequeñas estancias que, con ritmo cortado, van revelando la laberíntica disposición del antiguo palacio. En el patio árabe, de una sola planta con sus columnillas de mármol y sus arcos lobulados y los zócalos de azulejos decorados con estrellas entrelazadas, nos sentimos transportados a Andalucía. La luz castellana parece allí filtrarse y resbalar sobre el pavimento rojizo de ladrillo. Las blancas yeserías de atauriques de los arcos dan una nota de fina estilización oriental. En el Salón Dorado, de planta cuadrada y decoración mural de entrelazadas arquerías lobuladas, la vista se alza para admirar la cúpula de lazos, alzada sobre trompas. Convertido ahora en sala de museo, este salón, transformado por las monjas en capilla doméstica, alberga en los paneles de sus arquerías pinturas murales de diferentes épocas. Es allí donde están expuestas algunas obras de arte. En especial atraen la curiosidad del visitante un pequeño órgano del tipo llamado realejo, por ser propio, a causa de su tamaño, para hacer música en un salón de un palacio real y un clavicordio flamenco que pertenecía a Doña Juana la Loca. Este último instrumento musical es bellísimo. En su tapa, una escena de amena y galante diversión musical en un jardín nos evoca la alegre sociedad del Renacimiento en los Países Bajos.

Con la fuerza evocadora de una manera de vivir que sedujo a los reyes cristianos son los baños árabes, que, al igual que los que se conservan en el monasterio de Capuchinas de Gerona, quedaron incorporados a la clausura. Estos baños de Tordesillas, con los de la Alhambra de Granada, están considerados como los más importantes de España. Colocados en un edificio aparte, detrás de la cabecera de la iglesia, con su aljibe, vestuario y salón de reposo, constituyen un conjunto de gran interés. Sus estilizadas columnas y sus bóvedas con calados lucernarios pertenecen a lo más puro del arte musulmán.

La iglesia, de una sola nave, alta, ancha y profunda, deslumbra a quien penetra en ella. De arquitectura gótica, cubierta con bóvedas de ojiva en sus primeros tramos, en su capilla mayor ostenta un rico artesonado dorado de entrelazados. Esta techumbre policromada, de riquísimos efectos, se levanta sobre un zócalo de arquillos de mocárabes dentro de los cuales se albergan imágenes de santos. Según el arquitecto e historiador Don Vicente Lampérez y Romea, esta cubierta mudéjar era la del salón principal del Palacio Real de Alfonso XI, transformado en Capilla Mayor al construirse el tempo. Confirmar tal opinión resulta difícil. Una techumbre similar, que se puede admirar hoy, es la del Salón Real del Alcázar de Sevilla. Entre la nave y la Capilla Mayor, sobre una viga que atraviesa todo el ancho del Arco Triunfal, se alza, recortándose en el vacío, una Crucifixión gótica. Las monjitas desde el coro bajo, situado a los pies de la iglesia, podían contemplar así la imagen de la Pasión de Cristo aureolada del radiante dorado de la techumbre del ábside.

Capilla adosada posteriormmente al templo es la de los Saldaña. Construida a finales del siglo XIV, para ser panteón de Fernán López de Saldaña, Contador Mayor, Camarero y Canciller del rey Don Juan II y de su familia, es arquitectura de estilo gótico florido, de influencia nórdica. En su época representaba una novedad que rompía con los fríos moldes franceses entonces al uso. Con sus tumbas parietales dentro de lucillos de caladas filigranas y bellos ángeles tenantes de escudos y sus yacentes en alabastro, introduce una nota de fina estilización muy propia del Otoño de la Edad Media tan influida por el arte cortesano borgoñón y septentrional. Obra al parecer de Joosken de Utrecht, arquitecto y escultor que trabajó en la catedral de León, fue realizada por el aparejador Guillén de Rohan, que muerto apenas comenzada, mereció ser enterrado en ella. La magnificencia de la arquitectura flamígera de los Colonia, Guas y Egas, tan atrayente para los amantes del arte, tiene aquí en Tordesillas su punto de partida.

El joyel u obra maestra del monasterio de Tordesillas es el retablo de esta Capilla. Se trata de un tríptico de madera portátil que, indudablemente, perteneció al rey Don Pedro I. Con sus contras cerradas, presenta diez tablas, las dos de la esquina con sendos profetas y el resto con la

Concepción, Nacimiento e Infancia de Cristo. Dentro de diminutos edículos, de ligeras arquitecturas se desarrollan las escenas. Los árboles y las torres se recortan sobre fondos dorados. Cuando está abierto el tríptico, es una maravilla. En el centro, sobre un fondo azul intenso tachonado de estrellas, hay, bellos y elevados doseletes de tracería gótica, seis escenas en talla de la Pasión del Señor. En las contras están pintados, en lo alto, los cuatro Evangelistas escribiendo sus textos dentro de celdillas, sentados en sus pupitres y en la parte baja, y escenas de Cristo desde después de la Resurrección hasta su Ascensión a los cielos. Muy curiosos son los pequeños detalles de estas pinturas, como el ratón que sale por debajo de un escritorio, los dos perros mordiéndose y los personajillos peleándose. También el donante arrodillado con un rótulo o «fumetto» que le sale de la boca como si se tratase de un personaje de «comic» o TBO a lo divino.

El escultor de la parte central debe ser un artista flamenco. Las pinturas están atribuidas al Maestre Nicolás Francés, el pintor que había realizado el retablo mayor de la catedral de León y que, para el famoso *Paso honroso* o desafío caballeresco de Don Suevo de Quiñones, en el puente del río Orbigo, había realizado, del tamaño de un hombre, un faraute de madera «muy bien parecido», que vestido y con sombrero simulaba un personaje real. En un momento de caballerías andantes, este «sotil maestro» fue el primero que, después del viaje de Juan Van Eyck a Compostela, manejó el óleo en Castilla. Colorista de finas gamas, fue también un pintor de personalidad excepcional dentro del llamado gótico cortesano o gótico internacional. Con agudos dotes de observación y gran afición a lo episódico, poseía un sentido humorístico poco común. Sus personajes con rostros de intensa expresividad tienen siempre una presencia que sobrepasa su mera realidad icónica. Su relación con el arte de la miniatura es notable. Nicolás Francés es un fino y gran narrador plástico.

En la parte de la clausura, para uso exclusivo de la comunidad, hay una iglesia interior y paralela, de una sola nave. Muy estrecha y profunda, está toda ella ocupada por una clasicista sillería de coro de 58 asientos de altos y sencillos respaldos. De ahí que a esta capilla doméstica se le denomine el Coro Largo. Su retablo, atribuido al maestro de Manzanillo, es de mediana calidad. Más importante es la cornisa de la reja de madera en el presbiterio sobre la que se yergue un gran crucificado. Esta cornisa, de mocárabes dorados, es una muestra más del arte mudéjar que tan importante lugar ocupaba en los palacios y en los conventos cristianos.

Tordesillas, lugar histórico y «asilo de princesas desventuradas», según el Marqués de Lozoya, es hoy villa apacible que merece una detenida visita. Allí se siente en grado relevante la supervivencia de la Castilla gótica, en su más vernácula y sutil versión.

LAS DESCALZAS REALES

En el corazón de Madrid, en pleno centro de la ciudad moderna, cercano a la Gran Vía y a la Puerta del Sol, al lado mismo de las Galerías Preciados y del Corte Inglés se encuentra el Monasterio de las Descalzas Reales, enclave del Siglo de Oro español. Penetrar en su zaguán es ya abandonar nuestra época. Recorrer el interior de su casa conventual es retroceder en el tiempo, revivir el Madrid de los Austrias.

Fundación regia, el Monasterio de las Descalzas Reales, «convento de princesas», y residencia de personas de estirpe imperial, conserva intacto el ambiente de austeridad y grave porte aristocrático al que tan aficionados fueron los Haubsburgo españoles. La piedad seca y sin sentimentalismos, mezclada a las exigencias de una rígida etiqueta cortesana, imperantes en la Casa Real, no impidió, sino más bien se armonizó con la pobreza y la estricta observancia de la regla franciscana de las clarisas. El monasterio de Las Descalzas Reales fue un ejemplo de la religiosidad, formal y a la vez profunda, de la familia real española, sin duda alguna en Europa la más operante y decisiva defensora, frente al protestantismo, de la Contrarreforma católica.

Instalado este cenobio femenino en un antiguo palacio, rehabilitado, agrandado, con su correspondiente iglesia y convento, Las Descalzas son un ejemplo de la primera gran arquitectura en Madrid en el momento en el cual la primitiva villa medieval se transformó en capital de España. Desaparecido el antiguo Alcázar tras el incendio de 1734 y destruido en su casi totalidad en el siglo XIX el Palacio del Buen Retiro, hoy conocemos cómo eran las mansiones reales madrileñas de los siglos XVI y XVII gracias a los monasterios de Las Descalzas y de la Encarnación. Dos edificios claves que representan cada uno una etapa diferente de la arquitectura española del Siglo de Oro. Los dos edificios igual que el Palacio de Felipe II en el interior del monasterio de El Escorial, asombran por su sencillez arquitectónica y a la vez por la riqueza artística que atesoran. Las Descalzas Reales con su distribución laberíntica, producto de los arreglos interiores en una fábrica anterior, evocan el mundo de escaleras, pasillos y lóbregos salones del Alcázar madrileño. Su decoración a base de tapices, cuadros y pinturas barrocas al fresco es similar a la que sabemos daba magnificencia a la principal mansión de los reyes en Madrid. Por el contrario La Encarnación, edificio de nueva planta, más claro y racional en su disposición interior, guardaba relación con el Palacio del Buen Retiro, levantado pocos años después con idéntico espíritu de ordenado clasicismo.

En el momento de su fundación, en 1555, por Doña Juana de Austria, viuda del príncipe Don Juan de Portugal y madre del desaventurado rey Don Sebastián, el Palacio que iba a ser transformado en monasterio de Las Descalzas se encontraba fuera del antiguo núcleo de Madrid. Desde la Edad Media existía un arrabal en torno al monasterio benedictino de San Martín, importante cenobio masculino. Término de «abadengo», con jurisdicción especial, no dependiente del arzobispado de Toledo ni del municipio de Madrid sino del Monasterio de Silos en Burgos, el arrabal de San Martín ocupaba, con sus propiedades, un tercio del Madrid antiguo. Allí, en torno a la que hoy es plaza de Las Descalzas, se levantaba no sólo las casas palacio del marqués de Villena y el palacio del Contador de los Reyes Católicos y Tesorero de Carlos V, Alonso Gutiérrez, éste último el que sería luego monasterio de Las Descalzas.

En el Madrid anterior a la capitalidad, la casa del contador Gutiérrez, junto con la torre de los Lujanes, la Casa del sobrino de Cisneros y la capilla del Obispo, era edificio principal y amplio, aunque sin la importancia y suntuosidad que tenían los palacios platerescos de cualquier otra ciudad castellana. De su fábrica nos queda hoy la fachada que, en la plaza de Las Descalzas, hace esquina con la calle del póstigo de San Martín, Allí vemos la portada renacentista que, con sus columnas y tímpano redondo, a la manera toledana, sirve de entrada al zaguán del convento. Labrada en piedra, esta portada forma parte de un vetusto edificio construido con cadenas y verdugadas de ladrillo y cajones de pedernal de Vilcálvaro.

Esta técnica constructiva también muy toledana, le imprime al edificio un aire austero y casi pueblerino, propio del Madrid manchego. Con sus muros de pocas aberturas y la plana fachada de la iglesia en medio, el frente principal de Las Descalzas, es de una austeridad y falta de ornamentos muy propia del Madrid de los primeros Austrias.

Adquirido el palacio por Carlos V, en 1535, la emperatriz Isabel trasladó allí su residencia, en la cual dio a luz a sus hijas la emperatriz María y la princesa Doña Juana, esta última, pasados los años, fundadora, en su casa natal, del monasterio de Las Descalzas. De las partes primitivas quedan en el interior las escaleras, verdaderamente regias, el patio convertido en claustro conventual y los salones y estancias que, con sus distintos niveles, revelan los arreglos y acomodos llevados a cabo por Antonio Sillero, según alguno bajo la dirección del primer arquitecto de El Escorial, Juan Bautista de Toledo. Resto importantísimo es la Puerta «reglar» o de entrada a la clausura de las monjas, de dos batientes de madera tallados con molduras de cabezas y bichas de grutescos. Con las ménsulas del zaguán y otros artesonados son testimonio del arte de la talla renacentista.

Historia, arquitectura y arte van estrechamente unidos en Las Descalzas. El carácter principesco del monasterio y el mecenazgo real hacen que su conjunto que, sólo en el siglo XVIII sufrirá la reforma o remodelación del interior de la iglesia, sea un verdadero museo de su época, tanto por el contenido como por el soporte o continente arquitectónico en que se encuentra. Estudiar Las Descalzas es a la vez que recorrer la historia íntima de la familia real austríaca, dar un repaso del alto sentido artístico de su mecenazgo. También el ahondar en las raíces religiosas de una forma de vivir, tan determinante para todo lo español.

Renovando la tradición medieval de los monasterios femeninos de Las Huelgas y de Santa Clara de Tordesillas, el de Las Descalzas de Madrid servirá de casa y lugar de recogimiento de las mujeres de la dinastía austríaca, tanto de las legítimas como de las bastardas. Su fundación en Madrid no fue una casualidad sino, al igual que El Escorial, fruto de la decisión de Felipe II, iniciada ya por su padre Carlos V, de convertir a Madrid en la capital del Reino. La fundadora Doña Juana, que había pasado previamente años en Valladolid, gobernando el reino en ausencia de su padre y hermano, no instaló el convento en esta ciudad sino en la ciudad que iba a convertirse en el centro de la Península. Nacida la idea de la fundación de los consejos de San Francisco de Borja, Las Descalzas Reales, con las personas regias e imperiales que la habitaban, sería, a partir de ese momento, la casa religiosa femenina de mayor alcurnia de Madrid.

En el siglo XVIII, Felipe V, el primer rey de la dinastía de los Borbones en España, cuando el convento no albergaba ya a las reinas elevaría la categoría de abadesa de Las Descalzas a Grande de España y le concedería el título de Excelentísima Señora.

La galería histórica de mujeres de la Casa de Austria es impresionante e imponente. El monasterio, escenario de parte o de la casi totalidad de sus vidas, es su propio monumento conmemorativo. Su interior rezuma su memoria. En la iglesia y el coro alto se conservan respectivamente las tumbas de la princesa Juana, la fundadora, y su hermana, la emperatriz María. Las infantas monjas han impregnado con su recuerdo la clausura. En las distintas estancias y salones del convento, vemos sus retratos juntos con los de los reyes, príncipes e infantes, niños y niñas, de la familia de Habsburgo, dueños de Europa y responsables de su destino político. Colección iconográfica de primera categoría, es digna de una visita detenida. Feas y circunspectas, con los atuendos de corte o monjiles y el acusado progmatismo de sus rostros, se presentan las legítimas. Su porte y gestos son severos, propios de su alta categoría. En las otras cortes europeas, no encontramos nada similar. Más bellas y atractivas, con el encanto ingenuo de su inocencia son las imágenes de las bastardas, frutos ilegítimos de los amoríos regios. Sus biografías se resumen en nacer e ingresar inmediatamente en el monasterio. Flores de estufa, criadas a la sombra del convento, sin más sol que el del huerto y más mimos maternales que el de las monjas, todas ellas son merecedoras de compasión. Su nacimiento les negaba la libertad, que, por otra parte, tampoco tenían las legítimas, cuyos matrimonios estaban concertados de antemano por razones políticas. Sus vidas dentro de las cuatro paredes del monasterio que era, en el fondo, para todas por igual, un cómodo refugio, un puerto seguro para el final de la existencia. Aunque al final se convirtiese para muchas en una jaula dorada. La fundadora Doña Juana de Austria fue una princesa reconcentrada y devota, ordenada amiga de la soledad. Mujer discreta y a la vez enérgica, siempre guardó la corrección que le correspondía. Hija de Carlos V y hermana de Felipe II, nació en Madrid en el palacio en el que luego ella fundaría el monasterio de las Descalzas. Huérfana a los cuatro años se crió sin la presencia paterna, ya que Carlos V estando siempre ausente, desde los siete años no volvió a verlo hasta su abdicación cuando se retiró a Yuste. Prometida cuando tenía siete años al heredero de Portugal, se casó con él, en 1552, a los diecisiete. A los dos años escasos murió su marido, el príncipe D. Juan, sin llegar a ser rey. Fruto de su matrimonio fue Don Sebastián, el rey «de los tristes destinos», muerto en la flor de la edad en Alcazarquibir. Viuda Doña Juana regresa a España para encargarse de su gobierno al encontrarse ausente Carlos V y el príncipe Felipe, entonces en Inglaterra al casarse con María Tudor. Instalada en Valladolid, Doña Juana da pruebas de prudencia y de gran capacidad de gestión. Recta y justa, causaba admiración por el cuidado con que examinaba los asuntos y por las sentencias de las causas. Protectora de la literatura, fue también una esforzada defensora de la fe. Bajo su mandato la Inquisición fue muy operativa. Presidió en persona el famoso Auto de Fe en Valladolid de 1559. Durante su gobierno murió su abuela la reina Doña Juana la Loca, ocupándose de su entierro. Al abdicar su padre en Bruselas, fue quien preparó la proclamación de Felipe II. Princesa que por recato se cubría la cara en público, fue ejemplo de vida seria para la corte. Para su hermano Felipe II desempeñó el papel importante de consejera familiar.

Retratada por Alonso Sánchez Coello, la princesa-viuda Doña Juana se nos presenta todavía joven y de comedido ademán en el momento en que decidió fundar un monasterio de monjas franciscanas de la observancia estricta de Santa Clara.

San Francisco de Borja fue el consejero que le guió en decisión tan transcendente. Del monasterio de Clarisas de Gandía, patria de los Borja, vino para Madrid la imagen milagrosa de la Virgen de Gracia, a la que se le rinde culto en las Descalzas.

También del mismo monasterio llegaron las primeras monjas de las Descalzas de las cuales fue primera abadesa Sor Juana de la Cruz, hermana de San Francisco de Borja, biznieta por tanto del controvertido papa Alejandro VI.

Fallecida en El Escorial el 7 de septiembre de 1573, cuando contaba treinta y siete años, Doña Juana fue enterrada en Madrid en la iglesia de las Descalzas, frente al Altar Mayor. Pero años después se acabó la capilla funeraria, que, colocada en el presbiterio, en el lado de la Epístola, fue obra arquitectónica de Jacome Trezzo y el bulto de la estatua orante de Pompeyo Leoni, los dos artistas italianos que habían trabajado en la capilla mayor y sepulcros de El Escorial. La princesa, con la elegante discreción suya de siempre, dispuso que sepulcro y cenotafio estuviesen cerca del altar y a la vez en el lugar en el que no estorbase la visión y no fuese objeto de todas las miradas. Por su actitud solemne y su posición oblicua respecto al altar, su escultura recuerda las de Carlos V y Felipe II en El Escorial.

La emperatriz María de Austria es la segunda de las mujeres de la Casa de Austria ligada a las Descalzas Reales. Al igual que su hermana Juana, había nacido en Madrid en el palacio que luego se convertirá en monasterio. Allí se recogerá cuando, viuda del emperador Maximiliano II de Austria,

IVDI FILIA, ET INCLINA AVREM TVAM QVIA
CONCVPISCIT REX DECOREM TVVM

en 1581, regresa a España, acompañada de su hija, la Serenísima infanta Doña Margarita, la cual, tras rechazar las proposiciones matrimoniales de Felipe II, profesó en las Descalzas con el nombre de Sor Margarita de la Cruz.

El retrato que Juan Pantoja de la Cruz hizo de la emperatriz, en edad avanzada, resulta impresionante. De cuerpo entero, con traje de viuda y toca, parece una monja. En su mano izquierda tiene un rosario. A un lado, sobre la mesa, se ve una corona imperial. Su mirada es vaga y sus manos son marfileñas. La que fue esposa y era madre de emperador tiene el aspecto de una religiosa más del convento. Con ella se inaugura un tipo de soberana viuda que, como Margarita de Austria, la última esposa de Felipe IV y madre de Carlos II se impone en España. El severo porte de este género de mujer contrasta con el elegante y frívolo de las francesas de la época.

Devota y de profunda fe católica, acrecentada en sus años de Alemania por los embates del protestantismo, Doña María, al quedarse viuda, buscó en España un retiro y una quietud espiritual, que difícilmente podía tener en la Corte de su hijo, el emperador Rodolfo, tan aficionado a rodearse de alquimistas, astrólogos y nigromantes. Doña María, a la que tudescos y bohemios querían hacer un monasterio para su retiro, prefirió regresar a España, para instalarse en las Descalzas Reales, fundación de su ya fallecida hermana. En 1581 tomó el camino de su patria. Un gran lienzo pintado por Jans van der Beken, en 1601, nos deja un testimonio de la comitiva y el equipaje de carrozas y literas que acompañó a la emperatriz desde Praga hasta Madrid. Representa un momento en que los viajeros suben una cuesta a pie. A lo lejos se ve la ciudad de Praga. En el río Moldava hay barcos que transportan mercancías. En los campos se ven labradores trabajando y pastores que cuidan sus rebaños. Junto con la emperatriz caminan Don Juan de Borja, su mayordomo y su pajecillo, el futuro San Luís de Gonzaga, además de su hija la infanta Margarita y varias huérfanas que la emperatriz consideraba eran «sus mejores joyas». Cubiertas con antifaces, no se sabe si por recato a las miradas inoportunas o para proteger sus rostros de las inclemencias del aire, estas desvalidas jóvenes, bien adoctrinadas estaban destinadas a entrar en religión en distintos monasterios españoles. No faltan, junto con los caballeros encargados de custodiar las regias personas, los perros de raza.

El viaje hasta Génova, en donde se embarcaron bajo el mando del almirante Juan Andrea Doria, y desde Cataluña hasta el Pardo en Madrid, fue largo pero sin incidentes. La emperatriz hizo breves paradas, pasando de largo por ciudades como Venecia. No quiso pasar por Milán, pero su arzobispo, el cardenal San Carlos Borromeo fue a su encuentro, con la emperatriz y su hija. En Lodi durante cuatro días tuvo intensos coloquios espirituales. En Barcelona, las augustas personas hicieron una peregrinación a Montserrat, Virgen de la que fue siempre muy devota la casa real española. Un cuadro de «la Moreneta» se conserva en la capilla de la Dormición en la Clausura de las Descalzas.

Felipe II quiso nombrar a la emperatriz gobernadora de Flandes, pero encontró resistencia de su hermana, ansiosa de quietud y retiro. También Felipe II, entonces viudo de Ana de Austria, hija de la emperatriz, pretendía desposarse con la infanta Margarita, la cual, con discreción y firmeza hizo saber a su tío y cuñado que su deseo era entrar en religión. El monarca, ante las dos negativas de la madre y de la hija, tuvo que conformarse, apadrinando a ambas en sus resoluciones.

Durante veinte años, la emperatriz permaneció encerrada en las Descalzas. Para su instalación en el monasterio, se habilitaron una serie de habitaciones inmediatas a la clausura, de forma que residiendo fuera de su ámbito estuviese dentro del monasterio, en el corazón de la manzana conventual. Su palacio o casa imperial estaba situado en un espacio a media altura, detrás del Altar Mayor de la iglesia. Con comunicación a la tribuna del templo para asistir a las ceremonias religiosas y acceso a una parte del jardín, tenía también un pasaje a la clausura, de forma que la emperatriz podía comunicar con su hija, primero novicia y después monja del monasterio. Muerta la emperatriz, sus habitaciones se reincorporan a la clausura canónica.

Al fallecer, ya vieja, en el año 1604, la emperatriz María dejó en su testamento una fundación que sería fundamental para Madrid. A su munificencia se debe la creación del Colegio Imperial de la Compañía de Jesús, que, instalado en lo que hoy es el Instituto de San Isidro, fue, durante los siglos XVII y XVIII el centro docente en el que se formaron las sucesivas generaciones de la élite madrileña. La emperatriz María, que tuvo como secretario al poeta Lupercio Leonardo de Argensolo y que en su capilla religiosa contaba con figuras tan importantes como la de su predicador el místico escritor franciscano, fray Juan de los Angeles, tuvo como organista de su capilla de música a Tomás de Luís de Victoria, uno de los músicos más importantes de Europa. Célebre es la *Misa de Requiem* a seis voces que compuso Victoria para las exequias de su patrona y protectora.

Figura 14.   ANTONIO PEREDA, grabado de PERRET. Sor Margarita ciega con el ángel de la Guarda.

Doña María, que había vivido retirada al igual que una monja, pero sin serlo, descansa para la eternidad en el coro alto de la iglesia. Lo mismo que otrora los monarcas medievales de Las Huelgas, sus restos mortales, día y noche, reciben el culto de la comunidad. Pero esta privilegiada colocación se debe a Felipe III, ya que, la emperatriz había sido enterrada por voluntad suya en el claustro de clausura. Su sepulcro, de elegante sencillez, está compuesto por una hornacina con una urna o sarcófago de negro jaspe. Diseñado por Juan Bautista Crescenci, que fue también quién decoró el Panteón Real de El Escorial, corresponde al sobrio estilo clasicista anterior al barroco. A los pies de su tumba se enterró posteriormente a su hija Sor Margarita. Es sabido cómo, al ser trasladado el cuerpo de la emperatriz de su sepulcro en el claustro al del coro, con sorpresa de todos estaba entero y despedía fragancia. Según su biógrafo Méndez de Silva «Y lo que es más de admirar que con haber enchido el ataud de cal cuando la sepultaron, de mucha cal, con intento de que con brevedad se consumiese la carne, no solamente no estaba consumido sino tan entera y tratable como si fuese viva». Otro biógrafo, el Padre Palma nos dice que su hija, Sor Margarita «viendo en el cuerpo de su madre aquellas nobles señas de la bienaventuranza que goza el alma, pidió a la Abadesa la licencia para besarla la mano y arrodillándose su Alteza, se la besó, vertiendo lágrimas, de verla tan favorecida de Dios». De nuevo, al acabarse de labrar la urna del sepulcro, se repitió la ceremonia del ósculo filial. Siempre en los conventos nos sorprenden los ritos mortuorios y afectivos, los prodigios y milagros, los avisos y señas de santidad. En las clausuras en las que la existencia cotidiana se desliza sin altibajos ni grandes acontecimientos externos, hay momentos que, como un fogonazo, duran sólo un instante. Entonces se desvelan los misterios de la vida y de la muerte. Son las efemérides santas que constituyen su Leyenda Dorada.

De Sor Margarita, la tercera de las princesas de las Descalzas, ya hemos hablado. Ahora evoquemos su figura de monja virtuosa y ejemplar. Atenta a su familia, fue consejera muy escuchada y atendida, de manera que estaba siempre presente en todas las decisiones íntimas de los Austrias. Al final de su vida quedó ciega. En un grabado de Perret con dibujo del pintor Antonio Pereda, vemos caminar a Sor Margarita ciega, apoyándose en un bastón, ayudada por su ángel de la guarda. Otra imagen suya impresionante es la de su cadáver rodeado de flores en el féretro. En su celda o «casita», se conservan recuerdos personales suyos: un cilicio, un libro de rezos, el crucifijo de marfil del día de su profesión, una zapatilla de suela metálica agujereada para servirle de penitencia, un niñito Jesús dormido de madera policromada del tamaño de la palma de la mano, que Sor Margarita llevaba siempre en su bolsillo de su delantal. En muy poca cosa consistían los tesoros materiales que poseía esta monja archiduquesa que, como ya dijimos, prefirió el retiro del monasterio a ser reina de España.

Sobre las virtudes de estas personas regias escribieron el Padre Juan Carrillo, Fray Juan de Palma, fray Juan de los Angeles, Rodrigo Méndez de Silva y el padre Abellán. A ellos hay que añadir el culterano poeta Fray Hortensio Félix de Paravicino, amigo del Greco y gran orador sagrado. Todos cantaban las excelencias y bondades de tan excelsas señoras. En prosa hiperbólica, todos ponen de relieve las «heroicas virtudes» y las «fragantes azucenas» que se cultivan en los claustros y los «espejos serenísimos» de santidad que se desprenden de las vidas consagradas al señor. Su literatura laudatoria quiere servir de ejemplo y demostración de la grandeza de ánimo y el desprendimiento de la familia de los Austrias y amor de la religión.

De las otras monjas de la familia, sólo Sor Catalina María de Este, hija de los príncipes de Módena y nieta de la infanta Doña Catalina y Duque de Saboya, fue legítima. Muerta a los catorce años de edad, cuando era novicia. Las demás son infantas bastardas: Sor Ana Dorotea de Austria, hija del emperador Rodolfo, Sor Mariana de la Cruz y Austria, hija del Cardenal-Infante Don Fernando; y Sor Margarita de la Cruz y Austria, hija de Don Juan José de Austria, el bastardo de Felipe IV y nieto del célebre pintor José Ribera, el Españoleto. De la primera y de la última quedan muestras patentes de su presencia en el convento. Sor Ana Dorotea, Marquesa de Austria ejerció un mecenazgo inteligente enriqueciendo el monasterio con importantes obras de arte y objetos de culto, y la segunda, Sor Margarita de la Cruz y Austria por la Capilla del Milagro, regalo de su entonces poderoso padre.

En esta galería de mujeres y monjas no puede olvidarse a Sor Juana de la Cruz, la primera abadesa de las Descalzas. Hermana de San Francisco de Borja y biznieta del Papa Alejandro VI, tenía otras seis hermanas monjas en Gandía, su ciudad natal. Abadesa enérgica, fue ella la que dictó las normas con que se rigió la comunidad. Aunque el monasterio era de fundación y patronato real, Sor Juana supo mantenerlo independiente de toda ingerencia ajena a lo religioso. En primer lugar exigió que el monasterio no tuviese bienes fundacionales. Frente a la corona que quería hacer una excepción a la regla de pobreza de las clarisas, Sor Juana consiguió que se anulase la bula papal ya dictada para el caso. Sólo consintió que se instituyese, bajo control del monasterio, que así pudo obtener algunos beneficios, el Hospital de la Misericordia, que instalado frontero al edificio conventual, al otro lado de la calle de Capellanes, estaba destinado a curar enfermos distinguidos – sacerdotes, militares, hijosdalgo–, a la vez que servía de casa a numerosos capellanes del monasterio. También se negó a admitir los bienes que para niñas acogidas o novicias quería legar la emperatriz María. Pero, sin duda, la gran hazaña de Sor Juana fue su enfrentamiento con Felipe II, que, pese a su poder, no fue capaz de doblegar la voluntad de la tenaz abadesa. Felipe II quería exigir que para ingresar en las Descalzas las postulantes hiciesen pruebas de nobleza controladas por la Corona. Para Sor Juana, la admisión era prerrogativa de la abadesa. El litigio duró catorce años, durante los cuales Sor Juana, que fue reelegida cuatro veces paralizó el ingreso de forma que no volvió a profesar ninguna otra monja. Hizo falta que, en 1598, muriese Felipe II para que se resolviese el pleito a favor de Sor Juana, la cual sobrevivió al rey en sólo dos años y medio. Felipe III por fin zanjó el asunto admitiendo que las pruebas de admisión en las Descalzas fuesen del arbitrio y conciencia de la Abadesa.

El monasterio, instalado en lo que fue un palacio renacentista agrandado y adaptado para ser una clausura, depara al visitante múltiples motivos de curiosidad. La compleja articulación de sus partes – palacio antiguo convertido en convento y palacio de la emperatriz luego reincorporado al resto– hacen que su recorrido resulte laberíntico. Un cierto misterio se desprende de sus amplias estancias, de distintos niveles de piso y altura de techos, claras e iluminadas con la luz filtrada a través de vidrios de la época unas y otras lóbregas, al carecer de ventanas. En algunos de los salones –hoy convertidos en museo– se siente que el tiempo del pasado no se ha modificado con el paso de los siglos. La penumbra y el silencio son un remanso de paz que constrastó el pulso agitado de la ciudad que rodea el monasterio.

Al traspasar el umbral del zaguán del convento, la imagen de la Virgen dentro de un fanal acoge al visitante. En los muros desnudos de este espacio intermedio entre el arroyo y la clausura, se ven cuatro grandes lienzos que representan cuatro santos ermitaños, clara alusión a la recoleta vida que, dentro del edificio, llevan las clarisas. San Simeón el Estilista en su columna es el símbolo de la dificultad de mantenerse enhiesto e incólume en el tiempo y el espacio. Al cerrarse la bellísima puerta «reglar», cinco arcángeles reciben al forastero. Mancebos con caras de doncellas tienen una gracia y elegancia sin par. Seres celestiales y cumplidos cortesanos, son el anuncio de un mundo de delicias espirituales a la vez que atentos vigilantes de la entrada del paraíso cerrado para muchos y abierto para pocos. Con su hermosura sobrehumana, esos arcángeles fueron de gran devoción por parte de las monjas del barroco. Miembros de la Corte y del Ejército celestial, eran los protectores benéficos de los mortales a la vez que espejo de las virtudes necesarias para vencer las humanas flaquezas. Su contemplación para el creyente es fuente de dulce complacencia y gratificante compañía espiritual. Las monjas en sus clausuras multiplicaban las imágenes de estos miríficos seres.

Entre los muchos arcángeles que guardan las Descalzas, sin duda el más bello y monumental es el Angel Guardián de la comunidad, pintura al lienzo del manierista escultor y pintor Gaspar Becerra. De belleza ambigua, es a la vez una robusta matrona y un apolíneo varón. Su cuerpo tiene calidades escultóricas. Justiciero, levanta un látigo en su mano derecha en actitud de pegar y sostiene una corona con su mano izquierda. Angel tutelar del monasterio es él quien premia y castiga a las monjas según su comportamiento. No es extraño que le hayan dedicado una capilla aparte dentro de la clausura. Otro de los cuadros importantes es el que, con formato horizontal, reúne en un grupo los siete arcángeles fundamentales. Obra de Bartolomé Román, el mismo que pintó los cinco del vestíbulo, aquí los vemos con sus atributos, presididos por la viril y marcial presencia de San Miguel, que, con su victorioso estandarte rige la alada tropa.

Arcángeles también hay en las amplias escaleras principales del convento que se abren esplendorosamente al fondo del claustro de la clausura. Allí son nueve: los siete fundamentales y los dos domésticos, el Angel Custodio y el Angel Protector de la Casa. De Antonio de Pereda, están insertos dentro del conjunto decorativo de pintura al fresco más importante que se conserva de la escuela madrileña del siglo XVII.

Las escaleras de las Descalzas invitan a subir deteniéndose en los detalles a la vez que contemplando el conjunto desde diferentes puntos de vista. Su fábrica es la del primitivo palacio renacentista, pero su decoración pertenece al barroco. Pintada en 1684 por Ximénez Donoso y Claudio Coello, Francisco Rizi y Carreño de Miranda, es obra, con l capilla del Milagro de la clausura, del estilo introducido en España por los pintores italianos Agostino Mitelli y Michel Angelo Colonna, especialistas en la «quadratura», traídos a España por Diego Velázquez para decorar los salones del Alcázar y el Palacio del Buen Retiro de Madrid. Desaparecidas sus obras madrileñas, hoy conocemos su arte a través de las de sus discípulos españoles. La de las Descalzas es un espléndido ejemplo de su pintura de arquitecturas fingidas y rompimiento de glorias en techos y bóvedas. De «tortura para la nuca» calificaba el neoclásico Francesco Milizia este género de pintura que obliga a que el espectador levante la cabeza, contorsionándose para disfrutar de su totalidad.

El programa del conjunto es de carácter cristológico. En el arco renacentista, que antaño se abría sobre las escaleras en lo alto del primer tramo, se encuentra la Crucifixión, rodeada de pequeños cuadros de ángeles, que portan los símbolos de la Pasión. A sus pies se encuentra el cuerpo yacente de Cristo; unos grandes cortinones azules abiertos por los ángeles, desvelan este simulado y a la vez real retablo. Enfrente, en una tribuna real, se ven, sentados, a Felipe IV, al malogrado príncipe Felipe Próspero, su hermana la infanta Margarita y la reina Doña Mariana de Austria. La presencia de los reyes proclama la categoría del monasterio y la permanencia de una protección regia. Las águilas imperiales de los tambanillos de las puertas reales o fingidas que hay en las escaleras, lo mismo que los ángeles y «puttis» que sostienen los emblemas y atributos de la realeza, y la teoría de arcángeles y escenas, como el *Noli me tangere* o San Juan Bautista, forman un conjunto cuya lectura debe hacerse dentro de un concepto de religiosa cultura cortesana que identifica la salvación con los valores morales de la monarquía hispana. En la fingida prolongación de la arquitectura, en lo alto, con una ilusoria galería de columnas salomónicas, se ven las cuatro virtudes teologales, fundamentos de la vida religiosa, que culmina en el cielo con la Ascensión del Señor. Las alusiones a las coronas ganadas por la virtud de las monjas tienen su máxima expresión en el medallón en que, bajo una corona de flores, en el frente principal de las escaleras se ve a Santa Dorotea, Virgen y Mártir. Flanqueada por los medallones de las esquinas, con San Francisco de Asís y Santa Clara, la efigie de Santa Dorotea es una clara referencia a la infanta sor Ana Dorotea de Austria, Marquesa de Austria, hija natural del emperador Rodolfo II. Con munificencia imperial, Sor Ana Dorotea fue la mecenas barroca de las Descalzas, a cuya comunidad hizo el regalo de otras importantes obras de arte y objetos de culto.

Cuesta trabajo abandonar las escaleras en las que predominan los tonos rojos cálidos mezclados a los fríos azules. Junto al arte áulico, no falta en sus pinturas lo anecdótico. El engaño realista de un estante con libros o unas macetas de flores en un jardín se completa con los gatos que caminan sobre un virtual pavimento de baldosas en damero. Al lado de una puerta secreta, que se confunde con el zócalo, hay una falsamente pintada. El juego equívoco, tan propio del barroco, no podía faltar en obra tan pomposamente importante. Los monasterios no estaban excluidos del arte y de la agudeza de ingenio a la que tan aficionados eran las gentes del siglo.

Al desembocar en la galería del claustro de la clausura, se puede optar por la visita a las numerosas capillas, que por entero recubren sus cuatro lados o entrar en la parte del palacio, que a un nivel intermedio, sirvió de celdas a las monjas reales. Hacer la estación en cada capilla es seguir los distintos itinerarios de las devociones particulares de las religiosas, hacer, sin emprender un viaje, la peregrinación a santuarios lejanos, deambular por una ciudad santa, recorrer una especie de Jerusalem Celeste. Las capillas se suceden alternadas con distintas advocaciones: Vírgenes de la Peña de Francia, Guadalupe, Begoña, Desamparados, Monteagudo... Niño Jesús de Praga, San José, San Miguel, los Angeles... Con rejas de madera, la mayoría de las capillas encierran altares esculturas, pinturas, cornucopias y floreros antiguos. La acumulación es un elemento característico de la devoción doméstica del Siglo de Oro español. En un monasterio tan rico en donaciones como el de las Descalzas, la abundancia y variedad de objetos piadosos no resulta extraña. A veces una sola obra, como la capilla de Nuestra Señora de Guadalupe es de por sí un protéico repertorio de elementos distintos dentro de una unidad. Del arquitecto, escultor y pintor Sebastián de Herrera Barnuevo consiste en 68 paneles con emblemas referentes a las virtudes de virginidad de María, pintados al óleo sobre espejos que se engarzan en un retablillo y paramentos de la capilla, sin dejar ningún vacío. Otras veces, se trataba de una obra maestra como la Anunciación de Fray Angélico, hoy en el Museo del Prado, y sustituida en el siglo XIX, por una copia del cuadro de Allori hecha, en estilo nazareno, por Luis Madrazo de la Annunziata de Florencia. Hoy imaginamos lo que tendría este claustro si conservase la tabla de Fray Angélico, regalada al monasterio por el poderoso Duque de Lerma.

Capilla singular es la de las Niñas, llamada así por servir de entretenimiento a las infantitas mientras las monjas arreglaban las demás capillas del claustro. Al igual que una casita de muñecas, tiene el tamaño adecuado a la estatura infantil. Durante las visitas o las temporadas que pasaban en las Descalzas, las infantas y los infantitos se divertían santamente en esta capillita. Juguete a lo divino, personalmente me recuerda el altarcito y las minúsculas piezas de iglesia que, a finales del siglo pasado, mi bisabuela le compró en Cuenca a mi padre de niño. ¡Y eso que su marido era ingeniero de caminos y empresario del Teatro Apolo de Madrid! La familiaridad con lo sacro es propia de un país eminentemente religioso. Todavía en ciudades como Sevilla los niños recorren las calles de su barrio en procesión con «pasos» de la Cruz de Mayo o levantan efímeros altares con flores y pequeñas velas. Los españoles del Siglo de Oro estaban inmersos en lo sacro desde su más tierna infancia. A veces los vestían con las ropas y atributos de los Santos, que así se convertían en sus patronos y modelos. Un lienzo que representa el segundo Don Juan de Austria, a los trece años, vestido de general, lo identifican las monjas con San Hermenegildo, el adolescente héroe de estirpe real, muerto en defensa de la religión católica, en tiempo de los godos y al que desde el barroco tanto culto le han rendido y le rinde el ejército español. En este último caso, la infancia y lo sacro se une a lo militar. El gusto por lo pueril tiene siempre una explicación.

En un espacioso y lóbrego salón acodado en forma de T, con grandes arcos diafragmas para sostener su techumbre, estaba el dormitorio de las monjas, Hoy sirve para exponer la serie de tapices de Rubens de los que hablaremos más adelante. Debajo de los tapices, todavía se pueden ver las cruces y huellas de las divisiones de cada una de las celdas que, con un tabique hasta media altura y con una cortinilla, como separación con el pasillo, servían para aislar a las religiosas durante su sueño. El suelo es de baldosa y las camas eran de fábrica. Su austeridad no podía ser mayor. Desde 1969, las monjas han sido trasladadas a las dependencias de nueva planta, mirando al jardín en el otro extremo del edificio. Del antiguo dormitorio se pasa a las capillas ocultas en lo más íntimo de la clausura: la capilla de la Dormición o Tránsito de la Virgen, la casita de Nazareth o Capilla de Loreto y la Capilla del Milagro. De la primera es de señalar la urna de cristal en que la Virgen dormida espera su Asunción. Rodeada la estancia con las esculturas de los doce Apóstoles, su techo pintado con la subida al cielo de la Virgen es, nada menos, que de Lucas Jordán, el artista napolitano que, a finales del siglo XVII, vino a Madrid para completar la decoración pictórica de los salones del Alcázar y del Palacio del Buen Retiro. En la Capilla de Nazareth vemos reproducida la casita de la Sagrada Familia que los ángeles trasladaron por los aires desde Tierra Santa hasta la italiana ciudad de Loreto. Pinturas e imágenes alusivas a la Virgen comunican un encanto especial a esta habitación ocupada en su casi totalidad por la gran maqueta de casita que, con tejado a dos aguas, forma un recinto cerrado y aparte dentro del convento. En muchos conventos femeninos existe esta capilla de la Casa de Nazareth, con el fin de que una de las monjas, deseosa de la vida eremítica, pueda pasar, de vez en cuando, un breve retiro espiritual. El convento es una ciudad dentro de la ciudad. La casita de Nazareth, a su vez la casa dentro de la casa, una especie de muñeca rusa a lo divino en la que ciudad y casa, casa y ciudad se confunden y compenetran.

La capilla del Milagro es la joya más preciada y esplendorosa de la clausura. Regalo del segundo Don Juan de Austria a su hija monja en las Descalzas, es, junto con las Escaleras ya descritas, una de las obras maestras de la decoración barroca en España.

Dedicada a Nuestra Señora del Milagro, imagen del pintor valenciano Pablo de San Leocadio, que la primera abadesa, Sor Juana de la Cruz, trajo consigo de Gandía, su construcción vino a colmar la piadosa veneración de la familia real, la cual le debía favores como la sonada curación de la infanta María Teresa, futura reina de Francia y abuela de Felipe V. Según el sacerdote Juan de las Hebas, que publicó una *Historia breve de la portentosa imagen de Nuestra Señora de los Milagros*, la capilla era «en su breve espacio un Escorial de maravillas». La hipérbole no es exagerada respecto a la época. José Ximénez Donoso, Francisco Rizi y Dionisio Mantuano fueron sus autores. Don Juan de Austria, el «Don Juanísimo», amigo de novatores e impulsor de nuevas ideas, al encargarla mostró en ella su munificiencia y acertado gusto.

Compuesta por dos cuadrados, una pequeña antecapilla, más baja de techo, y un oratorio más alto cubierto de una cúpula, su conjunto es notable, sobre todo por su decoración pictórica al fresco. Recubiertos sus muros con escenas de la vida de la Virgen y la infancia de Jesús, lo que más llama la atención del conjunto es el marco de arquitecturas fingidas de la capilla, en la que se abren perspectivas de falsas columnas ornadas con simuladas estatuas de las Virtudes Teologales. En las pechinas se encuentran los bustos de San Francisco de Asís, San Antonio de Padua, Santa Clara y Santa Margarita de Cortona, alusión esta última a Sor Margarita de Austria, a quien su padre regalaba la capilla. En el retablo, flanqueado por dos ángeles, se yerguen elegantes Santa Margarita y Santa Dorotea –la patrona de la prima, también monja– talladas por las gubias de Luisa Roldán, la Roldana, la célebre escultora barroca sevillana. En lo alto, la cúpula representa la coronación de la Virgen, acompañada en sus tres puntos cardinales por los arcángeles San Miguel, San Gabriel y San Rafael. Quizás el detalle más curioso es la ventana simulada, que, frente a la verdadera tribuna real, muestra, detrás de los cristales, al rey Carlos II y su medio hermano mirando ambos la capilla con suma atención. Maravilla oculta en la clausura esta capilla puede ser envidiada por cualquiera de las iglesias madrileñas del barroco.

La historia del nacimiento y profesión de Sor Margarita de la Cruz y Austria merece ser contada. Un romántico cargaría las tintas al escribir el relato. Seamos nosotros escuetos. Don Juan de Austria, cuando tenía diecinueve años, en 1647, partió a Nápoles para sofocar la sublevación popular de Masaniello. Llegado a la bella ciudad mediterránea la primera cosa que hizo fue ir al estudio del célebre pintor Juseppe Ribera, el españoleto, para que le hiciese un retrato ecuestre, que hoy se conserva en el Palacio Real de Madrid. En sus visitas al taller conoció a María Rosa Ribera, la hermosísima hija del pintor, la cual posaba, ya de Inmaculada, ya de Santa María Egipciaca. El joven Don Juan cayó prendado de su belleza. María Rosa a su vez consintió y fruto de los amores nació una niña. Ante la imposibilidad de boda, dado el abismo social que separaba a los dos amantes, María Rosa ingresó en un convento y la niña fue trasladada a Madrid para ser educada de acuerdo con su categoría de personaje de sangre real. Según parece, Ribera, ya viejo, nunca se repuso del golpe. Por un aviso de Barrionuevo, sabemos que la niña «a la cual criaba el conde de Eril. metió S.M. en las Descalzas, habrá cuatro días, habiendo habido grandes competencias entre la Encarnación y las Descalzas, sobre la cual había de llevar». Increíble resulta el forcejeo entre las dos comunidades, disputándose la posesión de la bastarda. Madame d'Aulnoy, siempre al tanto del cotilleo madrileño, nos hace saber que la belleza de Sor Margarita «es admirable y que se dice que no ha sentido nunca deseos de tomar el velo; pero que era éste su destino como el de muchas otras jóvenes de su alcurnia tampoco resignadas a su obligado encierro». Para la francesa, acostumbrada a una sociedad en la que la mujer era más libre, nada le extrañaba esta historia, pues al comienzo de su viaje la andaluza marquesa de los Ríos, a propósito de Las Huelgas en Burgos, le había contado lo qué sucedía dentro de las clausuras españolas.

A los seis años tomó el hábito la pobre Sor Margarita. A los dieciocho profesó y a los treinta y seis falleció. Su vida transcurrió entre las cuatro paredes de las Descalzas. La historia se repetía. Su padre, el segundo Don Juan de Austria era hijo bastardo del rey Felipe IV y de la comedianta llamada «La Calderona», la cual acabó su vida de monja en un convento de benedictinas de la provincia de Guadalajara. Don Juan de Austria que debido a su condición de bastardo no se casó, tuvo también otras dos hijas, que fueron a su vez monjas en Madrigal una y en Bruselas la otra. La madre de ambas ingresó de monja en el Carmen de Madrid. Los amores furtivos y episódicos de las personas reales desembocaban en el convento, las frustraciones de toda una vida se sublimaban a lo divino.

La parte restante de la clausura, con la celda o «casita» de la archiduquesa Sor Margarita de la Cruz, hija de la Emperatriz con doble altillo, la espaciosa y luminosa Sala Capitular, con sus ventanas a la huerta del monasterio, el «candilón» o estancia para calentarse un poco en el invierno las ateridas monjas, está llena de cuadros, esculturas y objetos piadosos. No faltan los Niños Jesús, los nacimientos napolitanos o los cofres de conchas de nácar... En el salón de los Reyes, reservado fuera de la clausura para las visitas regias, son de admirar los restos de yeserías mudéjares del primitivo palacio y la galería de retratos de miembros de la familia real. Continuar la visita en las salas aledañas, acomodadas ahora en museo, equivale a lo que se puede hacer en cualquier pinacoteca importante. Al lado de tablas flamencas como la Epifanía de Brueghel, el Viejo, se puede encontrar una obra de la categoría de la Moneda de César por Tiziano, antes colocada en una capilla. Pero en donde conviene detenerse es en la pieza dedicada a Relicario. Especie de capilla improvisada, las arcas, estuches, vasos y marcos en que se conservan, están dispuestos en la habitación escalonadamente desde el suelo hasta el techo abovedado. El acopio de reliquias, al que los Austrias fueron tan aficionados, es visible en esta verdadera lipsanoteca. Su catálogo fue hecho a finales del siglo XVIII por José Pellicer, según nos informa Nicolás Antonio en su *Biblioteca Hispana Nova*. La pieza de orfebrería más destacada es la preciosa arca de plata dorada, obra del platero alemán Wenceslao Gammizer, que perteneció a la recámara nupcial de Doña Ana de Austria, la cuarta esposa de Felipe II, que la ofreció al monasterio para guardar los restos de San Víctor.

La iglesia, con el claustro de las procesiones, es la parte pública del monasterio. En la iglesia, remodelada en el siglo XVIII por el arquitecto Diego de Villanueva, lo más importante es el sepulcro de mármol de la fundadora, obra de Pompeyo Leoni. Por desgracia, en 1862 ardió el retablo de la Capilla Mayor, obra de Gaspar Becerra, artista del que se conserva un altarcito lateral con un San Sebastián pintado sobre el mármol. El retablo mayor actual es el que antes había llenado el ábside de la iglesia del Noviciado de los Jesuitas, en la calle Ancha de San Bernardo, transformada, en el siglo XIX, en Paraninfo de la Universidad Central, hoy Universidad Complutense de Madrid.

La fachada de la iglesia ordenada en planas superficies de piedra sobre paramentos de ladrillo, es de «noble sencillez», que contrasta con la más ornamentada portada del palacio, arreglado en convento por Antonio Sillero. De la fachada de la iglesia se discute quién es el autor. Por su fecha es la primera fachada del clasicismo en Madrid. Para algunos historiadores es obra de Juan Bautista de Toledo, el primer tracista de El Escorial. Para otros es obra de Nicolás de Vergara el Viejo, arquitecto toledano. Según el norteamericano George Kubler, su autor fue el ingeniero italiano Francesco Paciotto que, en 1561, fue llamado a España por Felipe II para ocuparse de las trazas de la iglesia de El Escorial. Sea de quien sea, se trata de una obra que anuncia el sobrio clasicismo que en Madrid dominó, desde principios del siglo XVII hasta la llegada del barroco a mediados de la centuria. Vista con la plazuela formada adelante, antes de que desapareciese la iglesia de San Martín por un lado y por otro el arco que, por encima de la calle, unía el monasterio a la Casa de la Misericordia, la fachada de la iglesia de las Descalzas debía ser más lúcida, aunque el florentino Cosme de Médicis se le antojaba que no tenía ninguna particularidad que la distinguiese de cualquier otra iglesia madrileña.

Todos los años, el monasterio de las Descalzas alcanza su cénit cuando en su claustro público tienen lugar las procesiones del Viernes Santo e infraoctava de Corpus. El Cristo yacente de Gaspar Becerra, guardado todo el año en la clausura, da la vuelta al claustro, portado en andas por sacerdotes. Cubierto por un finísimo cendal transparente, el Cristo tiene la singularidad de llevar un viril con la Sagrada Forma introducido en el interior de su llaga del costado, lo que obliga a que sean ministros del Señor los que puedan manejarlo. Convertida su caja torácica en custodia, con su propio cuerpo y sangre transmutados, el Cristo de las Descalzas es entonces la culminación de la realista imaginería religiosa. Este privilegio especialísimo data del siglo XV, cuando la duquesa Doña María Enríquez, la célebre «Loca del Sacramento» se lo pidió a su padre político, el papa Alejandro VI, para las clarisas de Gandía. De ellas lo heredaron las Descalzas a través de la familia de Borja, tan ligada, como sabemos, al convento madrileño. El día de Viernes Santo, en la procesión del Santo Entierro, tres monaguillos vestidos con tocas negras hacen de Marías. Con sus flébiles y atipladas voces cantan los lamentos de la muerte de Cristo. A continuación viene el silencio, sólo roto por el ruido sordo del ritmo lento de los pasos. Una dramática emoción estremece entonces el aquietado aire del claustro.

Para decorar los paramentos desnudos de las galerías del claustro, las monjas todos los años pedían al Alcázar que les prestase tapices. Con el fin de que el monasterio dispusiese de los suyos propios, la infanta Isabel Clara Eugenia, Gobernadora de los Países Bajos, encargó, en 1626, al gran pintor Pedro Pablo Rubens las series de tapices que hoy se exponen en el antiguo dormitorio de las monjas y que, todos los años, en Semana Santa, sirven para engalanar el claustro y cubrir el altar mayor de la iglesia durante la Cuaresma.

Realizados en varios talleres de Bruselas, estos tapices son una verdadera procesión tejida, una dinámica e ininterrumpida secuencia de Carros triunfales, en los que se exalta la Apoteosis de la Eucaristía y la victoria de la Iglesia Católica sobre el paganismo y la herejía. Poderosos cuadrigas, leones, águilas, Profetas de la Iglesia se agolpan tumultosamente. La vitalidad y la fuerza prodigiosa del arte de Rubens imprimen al sacro cortejo un titánico vigor sobrehumano. El acentuado cromatismo y la plétora de entrelazadas curvas de la composición comunican a este exaltado poema pictórico una intensidad pocas veces igualada. El Amor divino, la Fe, la Verdad de la Eucaristía, la Ley Mosaica... desfilan en sus Carros sobrecargados de símbolos de carácter profético y dogmático. El Carro de la Iglesia destaca sobre todos, con su robusta matrona portando en triunfo el ostensorio con las Sagradas Formas. Sólo los Autos Sacramentales podían competir con estos tapices poéticamente ensalzados por fray Hortensio Félix Paravicino. Pasmo de los madrileños son, sin duda, el mayor tesoro artístico de las Descalzas, monasterio que tantas obras maestras guarda en su rica clausura.

El clamor triunfal del suntuoso cortejo de los tapices de Rubens se aquieta y calma con el largo recorrido de las silentes estancias del monasterio. Cuando el visitante se encuentra de nuevo, al salir del recinto, en la calle, se vuelve a sumergir en el vibrante fragor y la nerviosa agitación del Madrid moderno.

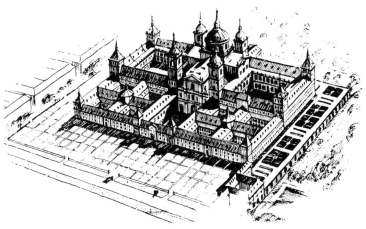

Interpretación de cómo pudieron estar dispuestos los volúmenes en el primitivo modelo en madera.

EL ESCORIAL

De todos los monasterios del patrimonio real español, el de El Escorial ha sido siempre el de mayor categoría e importancia, tanto por la magnitud y majestad de su edificio y los tesoros artísticos que encierra, como por el significado mismo de su fundación e historia. Obra desde todos los puntos de vista excepcional, es el único monasterio masculino del actual patrimonio. La viril gravedad de sus religiosos y el empaque de la rígida etiqueta cortesana de los Austrias ha hecho que fuese, desde su misma fundación, un ejemplo de hermética vida espiritual y simbólico distanciamiento de lo común. Ciudadela del Rey Católico, Palacio y Panteón Real, Monasterio y Colegio, Templo elevado a gloria de Dios y personificación de la monarquía defensora de la ortodoxia. El Escorial es un paradigma de la Fe y del Poder político. Distinto a los discretos cenobios femeninos, en cuyos interiores a mitad en penumbra se resguardaba la intimidad de la familia real, El Escorial fue a un tiempo solitario retiro de su fundador, el público escenario de su grandeza. Edificio representativo levantado por el soberano más poderoso de la tierra, en cuyos dominios no se ponía el sol, el monasterio de San Lorenzo, *Domus regia, Domus sacerdotum* y *Domus Domini,* es el símbolo de una monarquía teocrática y universal. Visitado por diplomáticos y viajeros extranjeros, además de nobles y notables del Imperio, El Escorial fue, desde su fundación, punto de mira de propios y extraños. Los sucesores de Felipe II no ignoraban este papel importante y esencial de un edificio, a la vez que símbolo político, arquetipo de la arquitectura. Así no extrañan las palabras del cortesano Don Luis Méndez de Haro, advirtiéndole a Felipe IV que en las nuevas adquisiciones artísticas para El Escorial debían suprimirse las obras carentes de calidad, ya que el monasterio era «teatro adonde van a parar todo el año tantos extranjeros y lo admiran por maravilla tan grande».

Culminación de una larga tradición iniciada en la Alta Edad Media, cuando en el pequeño reino de Asturias los primeros monarcas de la reconquista instalaron sus palacios junto a los monasterios, El Escorial es el arquetipo del palacio-monasterio-panteón real, a la vez que centro de saberes y adiestramiento para el apostolado. Junto a las habitaciones o morada del monarca se encuentra la iglesia templo como el de Salomón o santuario de la divinidad, más que asamblea de los fieles. Bajo su altar mayor está situado el Panteón Real, sepulcro y sepultura de su padre y descendientes. Además de la comunidad, de carácter contemplativo, dedicada por entero al rezo y al culto divino, se añade el colegio o seminario para los niños de coro de la capilla de música y la biblioteca, en donde se reúnen libros, manuscritos e instrumentos científicos. Los Jerónimos en un principio debían ser los guardianes del saber convirtiendo El Escorial en el palacio-monasterio de la super-sabiduría. Completado el edificio con un hospital, del cual es célebre, por su soleada situación, la galería de convalescentes, y por dependencias agrícolas como la Chapinería y otras casas de labor, el monasterio constituye un mundo aparte. Con su planta universal, en la que reina la unidad, es la síntesis de lo que, racionalmente distribuidos, habían sido, en el pasado los diferentes edificios monasteriales.

Felipe II, que pasó una vida obsesionado por levantar iglesias caídas, purificar templos violados y luchar contra los herejes, al construir El Escorial, cumpliendo el voto emitido cuando la Batalla de San Quintín, además de dar satisfacción a sus otros deseos, fue un celoso y escrupuloso vigilante de la ejecución del ceremonial litúrgico. Bajo su atenta observación se llevaron a cabo no sólo las obras del monasterio desde su primera piedra, en 1563, hasta la última en 1584, sino también la decoración y ornamentación de la más mínima habitación o la colocación diaria de las piezas de altar, el horario y distribución de las partes del culto. Como decía el historiador Baltasar Porreño, sobrino de Francisco de Mora, el arquitecto que acabó El Escorial, era una «gran casa donde se cantan de día y de noche las alabanzas divinas, coro perpetuo, culto divino, oración, limosna, estudio de letras, observancia y suma religión». Mundo completo, era un cosmos totalizador. Ciudad de Dios y Templo de Salomón, Jerusalem Celeste, era a la vez la concreción de la religiosidad de Felipe II, campeón de la Contrarreforma, rey jefe de sacerdotes y vigilante guía de la ortodoxia.

El Padre Sigüenza, bibliotecario y varias veces prior de El Escorial, en su *Historia de la Orden de San Jerónimo,* uno de los libros de mejor prosa de nuestros clásicos, dedicó la tercera parte del libro a la fundación, erección y descripción del edificio. Al relatar la búsqueda del lugar, nos resalta el cuidado que Felipe II tuvo para encontrar el sitio adecuado a la «fábrica que traía en su pecho». El

Escorial es un edificio que el monarca concibió por entero. La idea y el plan de su construcción brotan del cerebro del rey cuando tenía treinta años. Personificación de un melancólico impulso hacia la vida solitaria, de un desvío pesimista del mundo, heredado de su padre Carlos V, que se retiró a Yuste y de su abuela Doña Juana la Loca. El Escorial fue la construcción que Felipe II realizó sistemáticamente para habitarlo, primero en forma provisional y por último de manera definitiva. Pocos mortales pueden hacer para sí un edificio tan desmesurado en el transcurso de su vida, y también para su muerte. Un año antes de fallecer, Felipe II vió colocados en el presbiterio las estatuas funerarias de su padre y las suyas propias, obra de León y Pompeyo Leoni. El grupo de orantes de su padre, madre y tías, lo podía contemplar desde su lecho. Como es sabido, Felipe II había construido su habitación junto al presbiterio de la iglesia de El Escorial, de forma que, a través de una ventana abierta ex-profeso, podía asistir al culto del Altar Mayor sin necesidad de levantarse de la cama. Fue allí, en aquella habitación, en donde falleció a las cuatro de la madrugada, el día 13 de septiembre de 1598. Se estaba oficiando la Misa del Alba. Los niños del coro que durante tantos amaneceres habían despertado con sus voces al monarca, entonaban sus cantos mientras entregaba su alma a la eternidad.

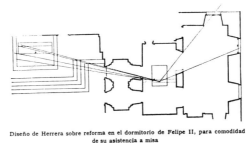

Diseño de Herrera sobre reforma en el dormitorio de Felipe II, para comodidad de su asistencia a misa

Observatorio propio de un rey prudente y suspicaz, que, a fuerza de tanto poder, podía prescindir de todo, según su regia voluntad. El Escorial es, como muy acertadamente ha dicho Chueca Goitia en su estudio *El Escorial a través del Espíritu de su fundador*, «una de las más formidables confesiones humanas: la transcendental autobiografía del hombre que nunca quiso que se escribiera su vida por considerarlo vituperable vanidad». El rey, que al igual que Filipo de Macedonia, nadie vió reir, el hombre débil y titubeante, aunque con poder supremo, construyó El Escorial, como dijo Baltasar Porreno, «con intento de no salir jamás de él y como atalaya, contemplar las ondas del orbe». Asistiendo a diario a los oficios de los monjes en el coro y llevando una vida austera de un religioso, el que era su jefe y máximo sacerdote buscó el retiro más absoluto. El Padre Sigüenza nos hace saber que el deseo de Felipe II fue que el monasterio «estuviese fuera y aún lejos de poblado... y cuando él quisiese retirarse del bullicio y ruido de la Corte, el lugar mismo le ayudase a levantar el alma de Santas meditaciones». En las solitarias estribaciones de la Sierra del Guadarrama, Felipe II encontró el paraje adecuado para construir su castillo interior, su fortaleza espiritual. Hecho el edificio a la medida de su alma solitaria, la «labró como el gusano de seda su capullo y quedóse muerto dentro de él». Gasto inmenso el del rey para vivir como muerto, para o en la muerte. El mismo concepto del gusano de seda lo encontramos también en Luis Cabrera de Córdoba y fray Hortensio Félix Paravicino que en brillantes metáforas dice que:

«Fabricó ese capullo tan vistoso
que tantos rosicleres y listones
donde muerto entre trompas y pendones
alcanzó con pacífica victoria
paz a su reino y a su vida Gloria.»

Cuando al rústico alcalde de Galapagar, al comenzar a construirse El Escorial, se le pidió su parecer, contestó: «el rey hará aquí su nido de oruga que coma esta tierra, pero antepóngase el servicio de Dios». Pesimista y fatalista respuesta. Ecológicamente El Escorial era un trastorno de la naturaleza y su instalación suponía el trasvase de las tierras a la comunidad. Labradores y ganaderos tenían que someterse, en contra de sus intereses, a la voluntad regia. En el paisaje agreste, tras la llegada de numerosas cuadrillas de obreros y operarios, surgió rápidamente el edificio ubicado sobre un repecho o llano de jaras, en la ladera de la montaña que lo protegía de los vientos del norte. Construido de piedra, sobre una pétrea plataforma, El Escorial es un edificio trazado a perpetuidad. Mundo aparte y distinto de su entorno natural, su pétreo cuadrilátero se afirma de una manera rotunda con los chapiteles de sus torres y la cúpula de su iglesia, con los netos volúmenes de su rigurosa geometría. Hermético y aislado en sus cuatro ángulos, El Escorial, todo aristas, netas y recalcadas, es un edificio casi metafísico, un poliedro tallado como un diamante. Con su peana criptopórtico, el edificio, concebido por Juan Bautista de Toledo y reformado por Juan de Herrera, se alza con una pureza racionalista en la que, en principio, no hay ningún fallo, aunque en realidad se pueden encontrar en su realización numerosas contradicciones.

Desde el inicio de su construcción se formó la imagen de un edificio granítico sobre una plataforma granítica, en medio de un paisaje granítico. Mole ingente de piedra, que absorbió el trabajo de canteros y aparejadores, que suscitaron problemas y huelgas, se requirió para su edificación no sólo el acarreo de materiales de canteras lejanas y cercanas sino aparatos y grúas, carros e incluso métodos de prefabricación. El Escorial fue empresa que supuso un trabajo arduo y continuado, que sólo una voluntad obsesiva como la de Felipe II fue capaz de llevar a cabo. El pétreo monasterio fue, en un principio, objeto de murmuraciones y críticas por su desmesura y gasto excesivo. Pero aparte de la defensa de la magnanimidad real no cabe duda, que es obra modélica en su género. A El Escorial, sus contemporáneos lo apreciaron ante todo como arquetipo y ejemplo arquitectónico máximo. Según el Padre Sigüenza, «luego que en poniendo los pies en los umbrales de la puerta principal, se comienza a descubrir una majestad grande y desusada en los edificios de España, que había tantos siglos que estaba sepultada en la barbarie o grosería de los godos y árabes». Fábrica insigne, era «honra de los Reyes de España» gracias a la cual «salió toda nuestra nación de infinitas rustiqueces». Igual opinaba Juan de Arfe, platero y tratadista, que pensaba que El Escorial, entonces en construcción, «acabó de poner en su punto el arte de Architectura».

Si para muchos El Escorial era edificio en el que se verificaban los preceptos de Vitruvio, para otros era el modelo máximo, ya que su arquitectura era sólo parangonable al Templo de Salomón. «Milagro del Mundo», le llama Juan de Caramuel, el cisterciense tratadista barroco de la *Arquitectura Recta y Oblicua*. Según sus asertos, así como el Panteón de Roma había sido para Miguel Angel el modelo, el libro en el que estudiaba arquitectura, El Escorial lo había levantado Felipe II para «instruir a la Posteridad», de manera que sirviese a los arquitectos del futuro, teniendo mucho que aprender no sólo los «arquitectos libres» sino también «los de la secta vitruviana mucho que imitar, nada de reprehender». Para el Jerónimo Padre Francisco de los Santos, que fue prior del monasterio bajo Carlos II, el edificio no sólo era la «maravilla, octava en el tiempo, y primera en el asombro», sino una «urbana y politica montaña de cultas e innumerables piedras».

El inglés René Taylor, en su importantísimo estudio *Arquitectura y Magia Consideraciones sobre la «Idea» de El Escorial*, al igual que en *El Padre Villalpando (1552-1608) y sus ideas estéticas*, ha mostrado cómo, en la concepción de El Escorial, intervinieron los saberes herméticos, el neoplatonismo, la astrología, el lulismo y la magia. Edificio-enigma, El Escorial no sólo es el emblema de la Contrarreforma sino la arquitectura simbólica por excelencia. El secreto que encierra desde la ceremonia de la colocación de la primera piedra, su trazado con signos cabalísticos, su

alineación en un eje riguroso desde la biblioteca, pasando por el altar mayor hasta el salón del trono real y mil otros detalles, se puede desvelar a través de numerosas indicaciones que figuran tanto en las trazas como en las pinturas en diferentes ámbitos del monasterio. Felipe II y Juan de Herrera tenían, en sus bibliotecas, libros de ciencias ocultas. Juan de Herrera es autor de un *Discurso de la figura cúbica*, en el que muestra su adhesión a las ideas de Raimundo Llull. En la bóveda del coro alto de la iglesia, en la pintura al fresco de Luca Cambiaso, Dios tiene, bajo sus pies, un cubo. En la iconografía de la Biblioteca, figuran todos los símbolos que nos inician en un saber superior. Respecto al Templo de Salomón, el templo de los templos, para el cristiano la culminación de toda arquitectura, existe una importantísima referencia. El Jesuita Juan Bautista de Villalpando publicó en Roma una reconstrucción ideal del Templo de Salomón. Villalpando, discípulo de Herrera, toma como modelo El Escorial, edificio, con el que ya el Padre Sigüenza había establecido el parangón.

En el día de la solemnísima consagración del templo, Felipe II dio orden de cerrar las rejas del nártex o vestíbulo de la iglesia. El pueblo, de esta manera, no podía participar en el culto, reservado sólo a la comunidad y al rey. Al exterior, en el patio de los Reyes, los fieles congregados podían ver las reliquias mostradas desde la capilla abierta en la fachada, encima del pórtico. También los soldados de la escolta real podían asistir, al aire libre, al sacrificio de la misa celebrada en dicha capilla abierta. Felipe II, rey que, al igual que un emperador bizantino, se rodeaba del alto clero a sus órdenes, concibió la iglesia y el interior del monasterio como un lugar reservado para sus funciones más absolutas del poder. La dualidad religión y política, lo mismo que magia y religión pertenecen al universo personal del rey que ha construido el monasterio como espacio ritual y cerrado para el vulgo. Todavía El Escorial es un mundo secreto y misterioso para el visitante, que no sabe qué admirar más si la iglesia, el claustro grande de los Evangelistas, con el templete central, verdadera maqueta de edificio centrado, las escaleras, la Sacristía, la Sala Capitular, el Panteón Real, la Sala de las Batallas o la habitación de Felipe II. Las importantísimas colecciones de pintura –pese al saqueo de la invasión napoleónica y los despojos en beneficio del Museo del Prado–, la gran cantidad de objetos litúrgicos encargados con minuciosa atención y generosa prodigalidad de Felipe II, le admiran y asombran. El Greco, El Bosco, Tiziano, Velázquez y tantos otros artistas están allí presentes, con obras de primerísimo orden. En El Escorial todo abruma y sorprende. Los sillares de

Edificio surgido de una idea y realizado unitariamente, levantado en material duro y firme, con una arquitectura simbólica, que incluso por su forma se ha materializado en la parrilla en que fue martirizado San Lorenzo, El Escorial merece ser estudiado tanto en su exterior como en su interior. Enorme cubo que se afirma en el paisaje con la fuerza elemental de su geometría, en su interior es un gran contenedor. Imposible aquí describir sus partes, sus patios, sus escaleras, sus estancias, sus chapiteles... Todo está sometido a un rigor que anuncia lo cartesiano. Nada queda al azar. El rey lo vigila y controla en todas sus fases, desde su conceptualización hasta su realización concreta. Arquitectos, aparejadores, carpinteros, decoradores, etc..., saben que nada pueden realizar sin ser aprobado por Felipe II. El monarca acumula en El Escorial todas sus preferencias. Una de ellas será el Relicario: 7.422 reliquias, allegadas de todas las partes del mundo, logradas tras incansables rebuscas, hicieron que El Escorial tuviese la mayor lipsanoteca de su tiempo. Otro tanto sucedía con la biblioteca, de la que Antonio Tovar nos hace saber que «Felipe II se empeñaba en coleccionar los libros alrededor de su tumba en El Escorial, sin darse cuenta de que la Orden de los Jerónimos, sin duda muy decaída de los brillantes tiempos en que había dado un fray Hernando de Talavera, no estaba en condiciones de sacar ningún provecho de aquellos tesoros. Ni la misma influencia de Arias Montano sirvió de mucho. Si se exceptúa al P. Sigüenza, los Jerónimos no se quemaron las cejas sobre los libros de las bibliotecas ni sobre ningún otro». Sin embargo, el monarca fue el impulsor de parte tan importante del edificio convertido así en templo de la Ciencia y Sabiduría Suprema.

los muros son iguales de tamaño y están aparejados de la misma forma. Los peldaños de las escaleras son de una sola y magnífica pieza granítica. En el palacio real, hay puertas alemanas de ricas taraceas. En los picaportes de las puertas de todo el monasterio la manecilla es una columnita clásica. Nada está dejado al azar. Todo está arquitecturizado. El edificio es total, realizado para el placer saturniano y un tanto seco de la inteligencia. Felipe II, tan conocedor y aficionado, mejor aún amante de la arquitectura, realizó en El Escorial una obra insólita y única.

La vida del monasterio siguió latente. Tras la expulsión, a causa de la exclaustración en 1837, de los Jerónimos, comenzó un período de abandono, al que pusieron remedio los Escolapios, restableciendo el Colegio en el monasterio. Pero la verdadera restauración de la vida monacal la llevó a cabo el rey Alfonso XII que encomendó el monasterio y colegio a los Agustinos, orden contemplativa que revivificó e incrementó el haber intelectual del monasterio. En el Colegio, que desde 1892 se amplió con una sección de Estudios Superiores de rango universitario, se formó el escritor y político Don Manuel Azaña, presidente de la II República Española. En su libro *El Jardín de los Frailes*, de carácter autobiográfico, al referirse a su llegada al colegio, dice: «Amanecí en El Escorial, donde no tuve otra impresión el primer día que la de entrar en un país de insólitas magnitudes». Felipe II, que en un principio pensó en un monasterio sólo para cincuenta monjes, muy pronto cambió de idea, dando orden de que se duplicase y aún más se aumentase su número. Comenzadas las obras, con los planos de Juan Bautista de Toledo, fue fray Antonio de Villacastín, el obrero mayor encargado de realizar la obra, quién dio la solución que formalizó el arquitecto Juan de Herrera, el cual tuvo que, sin modificar la planta, doblar en altura la parte anterior del edificio, quedando éste, como se dijo con «doblada majestad y grandeza». Esa grandeza, que indudablemente impresiona a los que lo ven y más aún por sus «insólitas magnitudes», a los que lo habitan. A este propósito el texto de Azorín en el que se describe al anciano Felipe II saliendo por una puertecita de su aposento en el «inmenso edificio de piedra gris», es en todo punto penetrante. Hoy, al ver subir las majestuosas escaleras imperiales a un fraile con el hábito recogido para no tropezar en los amplios escalones, nos damos cuenta del contraste que existe entre la escala humana y la desmesura arquitectónica proporcionada de acuerdo al alto ideal que su fundador le imprimió.

Estudiado por los historiadores, descrito por viajeros, cantado por los poetas y motivo de meditación de los filósofos y pensadores, El Escorial es el edificio español que ha hecho correr más tinta. La pura geometría composición mental e ideal han suscitado siempre una atracción intelectual que va desde la mera erudición hasta las interpretaciones más varias y contradictorias. Polo de atracción o repulsión, es la piedra de toque de carácter estético y moral de sus espectadores. Nadie queda indiferente ante un edificio tan representativo y simbólico de la abstracción arquitectónica, pensamiento y sueño a la vez petrificados para la eternidad.

El edificio que para el romántico francés Théophile Gauthier era una «pesadilla arquitectónica, un desierto de granito», que con sus muros lisos participaba de los ideales de un hospital o de una cárcel, no podía atraer ni a Chateaubriand ni a Victor Hugo, admiradores de las catedrales góticas. Hay que esperar a otros viajeros galos deseosos de fuertes emociones para que surja el elogio. Maurice Barrés caló más hondo al considerar que El Escorial es la antítesis de la exuberante plenitud sensorial de Andalucía. La losa aplastante de granito azulado del monasterio-palacio-tumba tiene los atractivos de la muerte que encierra en sus entrañas. El placer tiene aspectos distintos. El rey, que lo poseía todo, sólo podía encontrar satisfacción en la renuncia, en el placer de encerrarse en su propia sepultura. Aquellos que visitan el fastuoso Panteón Real –que Felipe II quería fuese como las catacumbas– y que se detienen ante el pudridero, pueden conocer el roce del estremecimiento que produce la fría guadaña de la Parca, la gran igualadora. Felipe II que, según el historiador Joseph Ryckwert, con su arquitecto Juan de Herrera concibió «el edificio de El Escorial como la corporeización de un complejo y extenso ejercicio espiritual», lleva a una situación límite al espectador al enfrentarnos con la casa que construyó para ser igual morada de su vida terrenal y de la transmundana o casa *post-mortem*.

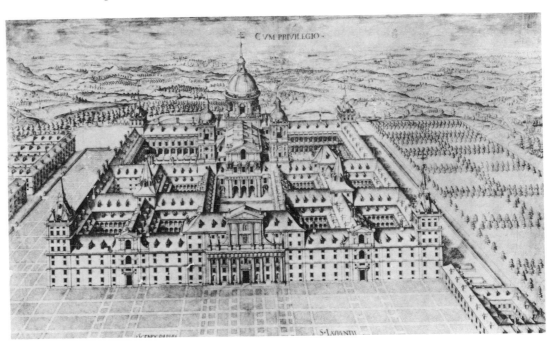

Los añadidos barrocos como la tétrica decoración del Panteón Real o el altar-camarín de la Sagrada Forma en la Sacristía merece el análisis del Historiador del Arte. Quizá son el contrapunto que rompe con el rigor formal de un edificio en el que la trama del cubo, la pirámide y la esfera llegan a ser para algunos, excesiva. En el altar de la Sagrada Forma, con un dispositivo teatral de sube y baja, la pieza fundamental no es el interior, con serlo mucho, sino el cuadro de Claudio Coello en el que se representa de manera realista, como si el lienzo fuese una virtual prolongación de la sacristía o el reflejo en el terso azogue de un espejo, el acto mismo que en desagravio de la grave falta de profanación por causas políticas cometida por unos cortesanos, tuvo lugar allí mismo. Milagro del artificio del pintor. La escena en que vemos al rey, a los arrepentidos caballeros y los monjes de la comunidad en adoración ante la Sagrada Forma es tan viva que nos sentimos espectadores del acontecimiento. La luz de la pintura se confunde con la del aire del ambiente. Desaparecido el cuadro al ser bajado por un resorte, es la capilla barroca la que resplandece con sus policromos jaspes y mármoles con el broncíneo crucifijo de Tacca, pendido sobre el templete neogótico –regalo de Isabel II– que contiene la custodia con la milagrosa hostia profanada por un soldado hereje, en Gorcum (Holanda) y que llegó a manos de Felipe II por regalo de una noble dama española residente en Praga.

A pesar de los innumerables incendios que, a causa casi siempre de los rayos de las tormentas, sufrió El Escorial, a lo largo de los siglos su edificio se yergue incólume como la imagen misma de la perpetuidad y firmeza. El fabulista Iriarte hizo una observación entre ingeniosa y pertinente:

Parece que de un Santo
aprendió esta casa a arder
y que a triunfar de las llamas
ha aprendido de él también.

Devastador fue, sin embargo, el incendio que, en 1671, convirtió al monasterio en una inmensa hoguera. Pinturas, muebles, libros y manuscritos de todo orden desaparecieron devorados por las llamas sin poder ser salvados. Enormes montones de escombros tuvieron que ser retirados por cuadrillas de personas venidas de seis leguas a la redonda para ayudar en el trabajo. Pero la fábrica construida en duro granito resitió el embate sin mayor perjuicio.

Capítulo glorioso es el de la música en el monasterio. Desde un principio, Felipe II se preocupó por proporcionar los medios necesarios y reglamentar las actividades musicales de la comunidad religiosa. La erudición del rey le llevó a reunir una gran biblioteca sobre el tema. Sus adquisiciones de manuscritos musicales importantísimos sólo es comparable al poder que ostentaba. Con su Capilla de Música y su colección de instrumentos –ocho órganos en la iglesia y dos carrillones en las torres, además de otras piezas–, convertían a El Escorial en un centro musical de primerísimo orden. Felipe II, que en sus últimos años, dejaba transcurrir sus horas libres entre la biblioteca y el Coro, sentía enorme satisfacción escudriñando manuscritos recién adquiridos o escuchando la capilla de música. Varias anécdotas revelan su interés por la música, como cuando fue sorprendido por el abad saltando, como si fuese un niño travieso, una ventana del coro para ver un nuevo volumen de canto llano o cuando le caían las lágrimas de emoción al escuchar ciertos cantos litúrgicos. Cuando falleció, las voces de los niños de coro entonaban los cánticos de la Misa del Alba. El ciclo vital de Felipe II se cerraba con la música. Sus descendientes continuaron la brillante tradición musical del monasterio, que contó, a lo largo de su historia, con figuras notabilísimas, cuyas biografías figuran en las *Memorias sepulcrales* de la comunidad jerónima. Quizás el más conocido de todos es el Padre Antonio Soler, del que, aparte de las misas, lamentaciones, misereres, responsos, ofertorios, vísperas, himnos, oficios de difuntos y otras piezas escritas para el monasterio, son famosísimos sus seis conciertos para dos órganos, escritos para ser tocados por él y su discípulo, el infante Don Gabriel, hermano de Carlos IV, en los órganos simétricos del crucero de la iglesia de El Escorial.

La «piedra ingente» no es otra cosa que «una piedra más», que resume el adusto panorama de «España austera y penitente», según José del Río Sanz. La «llanura vertical y torreada» de los sonetos de piedra de Dionisio Ridruejo, o el «lirio sereno de piedra erguido» en el recuerdo del exiliado Luis Cernuda, son efusiones líricas ante la «piedra lírica», la «piedra metafísica» de El Escorial. No importa que Unamuno, en un desplante tan suyo le llamase una vez «gran artefacto histórico... aquel horrendo panteón que parece un almacén de lencería». La locura cavernaria, la «parilla de granito», es «vasta caverna fraguada por manos de hombres sumisos y a compás, escuadra y plomada, caverna escolástica y dinástica, a corte y regla», alumbrada con luz de cirio triste «por el aciago hado de los Haubsburgo de España», repelía a Unamuno que, en otras ocasiones, alabó el desnudo arquitectónico del soberbio edificio de El Escorial. Pero sin duda el texto que mayor incidencia ha tenido sobre el mundo intelectual ha sido la *Meditación de El Escorial*, de Ortega y Gasset. «La piedra máxima que destaca entre las moles circundantes por la mayor fijeza y pulimento de sus aristas», era para el filósofo español un gigantesco pedernal que esperaba una generación «digna de arrancarle la chispa espiritual», es una enorme profesión de fe que afirma y hieratiza la expresión de un esfuerzo enorme y desmesurado, una muestra petrificada de «un alma todo voluntad, todo esfuerzo, más exenta de ideas y de sensibilidad». La exuberancia de ímpetus ciegos y brutos del español y la reflexión sobre la Historia se interponen entre El Escorial y Ortega a la hora de su meditación sobre un edificio cuya transcendencia va, sin embargo, más allá de un esfuerzo «puro».

Al evocar El Escorial, fijemos nuestra atención en tres visiones distintas en el tiempo y el espíritu. La primera es la imagen poética de un soneto del poeta culterano Luis de Góngora, que comienza con los versos:

«Sacros, altos, dorados capiteles
que a las nubes borrais sus arreboles.»

y que acaba con las notas graves y funerarias de:

«Perdone el tiempo, lisonjee la Parca
la beldad desta Octava Maravilla,
los años deste Salomón Segundo.»

Sin duda, Góngora se refiere, al principio de su poema, a las bolas doradas, hoy desaparecidas, que coronaban los chapiteles de El Escorial, elementos estos últimos tan característicos de la arquitectura de los Austrias y que en los años de la autarquía, en edificios como el Ministerio del Aire, del arquitecto Luis Gutiérrez Soto, se convirtieron en símbolos de la pretendida vuelta a la «Arquitectura Imperial».

La segunda visión es la de los cuadros de Miguel Angel Houasse, pintor francés al servicio de la corte de Felipe V, el primer Borbón rey de España. En una serie de pequeños lienzos este artista delicado nos ofrece un Escorial que ha dejado de ser un adusto monasterio para convertirse en un amable sitio real, utilizado por la Corte en el verano. Su representación del edificio y del paisaje de su entorno es un prodigio de fina sensibilidad en captar la luz –velazqueña– de la sierra. Los contornos, tan nítidos e hirientes a determinadas horas, están tratados aquí con suavidad. La poderosa presencia del edificio se hace ligera mediante leves toques de color. La arquitectura, sin perder su consistencia se integra al marco de la naturaleza. Pintor pre-impresionista, Houasse nos asombra por su modernidad. Personalmente contrasta su visión con la que desde niño he tenido al contemplar, repetidas veces, El Escorial al amanecer desde la ventanilla del expreso Galicia-Madrid. Borroso entre las brumas del despertar del día, el monasterio, sereno e inmutable, aparecía inmóvil como un buque varado en medio de la montaña. El tren indiferente dejaba pronto atrás la ingente piedra.

La última, por no decir postrera visión, que traemos aquí es la de Salvador Dalí. Es un homenaje del pintor surrealista a la arquitectura herreriana, al edificio hermético creado por Felipe II, al edificio-enigma de la arquitectura española. El cuadro del que hablamos es de los años cuarente y tantos, expuesto en la d'Orsiana Academia Breve de Crítica de Arte. El Escorial sirve de fondo, o más bien es el protagonista el retrato del embajador Cárdenas, elegante personaje que figura en la esquina izquierda del lienzo con la mirada perdida y un libro antiguo apretado sobre el pecho a la altura del hombro. El Escorial aparece sesgado, con su maqueta de edificio ideal sobre la plataforma de su lonja, recortándose en una llanura inmensa de infinitos horizontes. En un término medio, se ven, en medio de un encinar, las diminutas figuras de Ambrosio Spinola y Mauricio de Nassau, sacados del cuadro de Las Lanzas de Velázquez. El cielo está nítido, con luces fulgurantes que chocan sobre una extraña nube, de amorfa apariencia de ave o huevo de algodón. Nos imaginamos que de ella parecen partir los rayos que tantas veces castigaron los chapiteles del monasterio representado en el cuadro a la manera de una Jerusalem Celeste tal como figura en las hagiografías. La visión de Dalí, al igual que la de los Santos, es onírica. En cuadros posteriores Dalí ha vuelto a tomar El Escorial como escenario de sus obras. Obsesionado por la «figura cúbica» herreriana y el hermetismo de los números, se enfrenta con un edificio cuyo secreto todavía no ha sido desvelado.

A la hora del crepúsculo, momentos antes de que la noche agrande su inmensa mole, es cuando El Escorial adquiere su verdadera dimensión. Las abigarradas multitudes de turistas desaparecen como por encanto. Con los últimos resplandores del día las personas sensibles se alejan del ascético rigor del monasterio, pensando en horizontes más amenos. El viaje abre nuevas perspectivas al espíritu. Los que vuelven la vista para una postrera mirada se encuentran que queda muy atrás, como perdido en la memoria, el severo cuadrilátero solitario en su infinita melancolía.

LA ENCARNACIÓN

El convento de monjas agustinas recoletas de La Encarnación en Madrid está situado en el elegante barrio de Palacio, en uno de los parajes más bellos de la capital de España. Desde su fundación, en 1610, por la reina Margarita de Austria, disfrutó de una situación privilegiada. Su edificio cercano al desaparecido Alcázar, al que estaba unido por un pasadizo cubierto con el fin de que los reyes pudiesen asistir a las ceremonias del convento sin salir al exterior de su palacio, es de cuidada arquitectura clasicista. Con su lonja o compás, frente a la antigua plaza o Huerta de la Priora, La Encarnación se encuentra en la actualidad en un ámbito de despejado trazado urbano. Entre la Plaza de Oriente y el actual edificio del Senado, antaño Colegio de Doña María de Aragón y el antiguo Palacio de Godoy, su conjunto, al igual que el del vecino Teatro Real, forma una manzana entera con un perímetro en su totalidad ocupado por los muros conventuales. Con sus proporcionadas dimensiones y su hermosa arquitectura, es aún un ornato de la ciudad. Su área interior es una isla de paz y silencio en una zona de empaque señorial y recoleto, un tanto al margen del intenso y próximo tráfago urbano de la calle de Bailén.

Primer edificio en Madrid completamente edificado por los Austrias, La Encarnación, inaugura un nuevo tipo de arquitectura urbana en estilo clasicista post-herreriano. Pocos años después de ser acabada, se realizó la Plaza Mayor de Madrid y se levantaron edificios tan significativos de la época como la Cárcel de la Corte, hoy Palacio de Santa Cruz o Ministerio de Asuntos Exteriores. De fábrica de ladrillo y piedra de pedernal de Vicálvaro y Vallecas, aparejada en la técnica tradicional toledana usada en las Descalzas Reales, la fachada de La Encarnación está labrada en piedra de granito. Edificio de tamaño y escala menor, si se compara con la arquitectura de El Escorial, es obra de gran perfección por la armonía de sus proporciones. Su fachada, muy simple y de escaso relieve, con una composición de acuerdo con el número de oro, o proporciones áureas es la culminación de un modelo surgido de las iglesias de carmelitas. Se discute acerca de si su autor es el arquitecto real Juan Gómez de Mora o el carmelita descalzo Fray Alberto de la Madre de Dios. Poco importa el dilucidar el problema, ya que el primero era el sobrino y sucesor de Francisco de Mora, arquitecto de El Escorial y el que inició el tipo que cristalizará en La Encarnación y el segundo fue su ayudante en la construcción de las iglesias de Lerma, en las que ya se perfila por completo el tipo. Lo definitivo es que, llevado a la perfección en La Encarnación de Madrid, su fachada se convertirá en el modelo más imitado y repetido de toda la arquitectura española moderna, de manera similar a lo que ocurrió en Europa respecto a la fachada de la iglesia jesuítica del Gesú de Roma, obra de Vignola. De La Encarnación se derivan iglesias madrileñas como las Trinitarias Descalzas o las Mercedarias Descalzas, de Don Juan de Alarcón, la de Dominicos de Loeches y tantas otras de su tipo, que sería largo enumerar. De Barcelona a Sevilla o de Santiago de Compostela a Valencia se encuentran iglesias que siguen el modelo de la madrileña Encarnación.

El interior de la iglesia fue remodelado en el período 1755-1767 por el gran arquitecto Don Ventura Rodríguez, que, por aquellas fechas, trabajaba en las obras del Palacio Real Nuevo o Palacio de Oriente, levantado en el lugar mismo en que se encontraba el antiguo Alcázar Real de Madrid. La reforma de la nave única de la iglesia de La Encarnación fue llevada a cabo con sumo esmero. El ligero y elegante orden jónico, propio de los templos consagrados a las vírgenes, sustituyó el anterior severo orden dórico. En el crucero se dejaron en su sitio las tribunas, pintadas en azul y oro, de la familia real. En el nuevo retablo mayor, de columnas de jaspes y mármoles españoles, con basas y capiteles de bronce dorado, se conservó el gran lienzo de la Anunciación de Vicente Carducho, que antes había lucido en el retablo del siglo XVII de Juan Gómez de Mora. Estucos con niños juguetones, medallones y florones decoran las partes altas del alzado. En las bóvedas, dentro de sus respectivos marcos de fábrica, hay pinturas al fresco con pasajes de la vida de San Agustín, pintados por Francisco Bayeu, Luis y Antonio González Velázquez autor este último de las pechinas y la bóveda en que se representa la apoteosis de San Agustín ante la Santísima Trinidad en medio de una gloria de Santos.

Por su proximidad con el Palacio Real, la iglesia de La Encarnación fue algo así como capilla pública de los reyes. En el período de los Austrias, allí se celebraron las exequias fúnebres de los monarcas y su familia. En tales ocasiones se cubrían los muros de la totalidad con enormes paños negros que desde lo alto de las bóvedas descendían hasta el suelo. Sobre ellos se colocaban pinturas con emblemas y alegorías relativas a la vida y virtudes del difunto. En el crucero, delante del Altar Mayor se erigía un túmulo o pira funeraria que, con su audaz arquitectura barroca y sus innumerables bujías de cera, llegaba a lo alto, rompiendo el espacio de la cúpula. A este macabro teatro había que añadir los personajes enlutados que, contritos, asistían a tan luctuosas ceremonias. El espectáculo debía ser impresionante. Grandes artistas, como José Benito de Churriguera, el gran entallador y arquitecto barroco que, en 1689 trazó el túmulo de la Reina María Luisa de Orleáns, esposa de Carlos II, eran los encargados de concebir estas grandes máquinas o artefactos de arquitectura efímera. A propósito de decoraciones hay también que recordar las de fiestas en los días fastos. El convento de La Encarnación, para tales ocasiones, se engalanaba al exterior con tapices en la fachada y empavesando las celosías con cintas de alegres colores colgadas de sus rejadas ventanas.

El fasto propio de un convento cortesano dominó siempre en La Encarnación, pese a lo severo de la vida de sus monjas descalzas. Con su numeroso cabildo de capellanes, confesores, músicos, acólitos, sacristanes, mozos de coro y alguaciles con vara, además de las sirvientes y educandas, contaba con una plantilla propia de una fundación real. El número de monjas desde un primer momento estuvo limitado a treinta y tres, de acuerdo con los años de la edad que había alcanzado Cristo. Hoy son sólo diecinueve hermanas y una madre superiora –sin contar dos que están en León– las que habitan el convento. De moderado tamaño su edificio tardó sólo cinco años en construirse, debido al empeño que puso el rey Felipe III en ver levantado lo que había sido un ardiente deseo de su esposa la reina Doña Margarita de Austria, cuya devoción y fervor religioso fueron proverbiales. Fallecida la reina a los 27 años de edad, sin llegar a ver realizado su convento tan soñado, se puede decir que fue su obra póstuma.

Doña Margarita de Austria nació en el castillo de Graz (Austria). Hija del archiduque Carlos de Estiria, hijo del Emperador Fernando I, era bisnieta de Carlos V. Su madre, María de Baviera, se quedó pronto viuda, con una familia numerosa a la que educó de acuerdo con su alto rango, aunque con dificultades económicas. Dos de sus hijas se casaron, una con Segismundo de Polonia y otra con el Vaidova de Transilvania. De las otras cuatro que quedaron, Margarita, la penúltima, se inclinaba hacia la vida religiosa. Su deseo era profesar en un convento de su ciudad, pero su destino fue otro. Quien cambió el rumbo de su vida fue el rey Felipe II, el cual preocupado por el matrimonio de su hijo, escogió la familia de las hijas del archiduque Carlos para que una de ellas fuese nuera suya. Llegados a Madrid los retratos de tres de las infantas en las Descalzas Reales, la infanta Isabel Clara Eugenia, poniendo vueltos contra la pared los cuadros, echó a suertes para elegir a la novia. Mientras tanto Sor Margarita de Austria, que oraba para que Dios inspirase la elección, oyó una voz que decía: «Una Margarita por otra». De acuerdo al destino, la agraciada fue Margarita. Pero de momento esto no fue más que un augurio. A pesar de que el azar la había designado, Felipe II pidió la mano de su hermana mayor Catalina Renata, la que al poco tiempo falleció. Vuelto a empezar con la segunda hermana la petición, cuando llegó a Graz el embajador español, también había muerto Gregoria Maximiliana. Dada la dificultad de resolver desde lejos el problema, la archiduquesa María propuso entonces, como último recurso, que fuesen a Madrid las dos hermanas que quedaban, Leonor y Margarita. El príncipe Felipe podía casarse con la que más le gustase y la rechazada no tendría inconveniente en profesar de religiosa y entrar en las Descalzas Reales, al lado de su pariente Sor Margarita de Austria. De nuevo el destino intervino. Muerto a su vez entre tanto Felipe II, la joven Margarita de Austria, que sólo contaba catorce años de edad, emprendió con su madre y hermana el viaje para ser reina de España. Tras atravesar, en viaje triunfal, Italia, acompañada de su pariente y luego tío, el archiduque Alberto, que venía a casarse con la infanta Isabel Clara Eugenia, llegó a Valencia, en donde, con «gran fineza de amante», le esperaba el rey. Con grandes fiestas se celebraron las bodas en la ciudad del Turia. La entrada de la nueva soberana en Madrid, fue apoteósica.

Reina de España, Margarita de Austria será una esposa silenciosa y modesta, virtuosa y devota. La sombra de su vida será la figura sombría y rapaz del codicioso válido del rey, el Duque de Lerma, que hace todo para aislarla de la influencia de la vieja emperatriz María y de Sor Margarita de Austria, a las que la reina visitaba a menudo en las Descalzas Reales. Llevada a la corte en Valladolid en 1601, la reina fundó allí, durante los cinco años de su estancia, un convento de descalzas de San Francisco y conoció a la que pronto sería la fundadora de La Encarnación de Madrid, la madre Mariana de San José. Fue en Valladolid en donde también hizo la promesa de que si España se libraba de los moriscos construiría el convento que, bajo el misterio de La Encarnación del Verbo, serviría de refugio para las hijas de los criados nobles al servicio de la casa real. Llevada de igual celo, la reina quería también fundar en Madrid y Málaga sendos Colegios de Soldados, en donde se recogieran los mutilados del ejército español. Suya también fue la fundación de una de las más importantes instituciones eclesiásticas de España. El Colegio de Jesuitas de Salamanca, conocido como «la Clerecía» se debe a Margarita de Austria. Creado con el fin de formar legiones de apóstoles y misioneros encargados de combatir la herejía en los países del Imperio y propagar la fe a través de las dilatadas posesiones de América, el Colegio de la Compañía de Jesús de Salamanca será, como el Colegio Imperial de Madrid, fundado por la emperatriz María de Austria, la gran aportación de la familia austríaca a la cultura del barroco español.

Vuelta la Corte a Madrid en 1606, la reina Doña Margarita hará todo lo posible para llevar a cabo su deseo de fundar el monasterio de La Encarnación, dedicado al culto extraordinario del Santísimo Sacramento. Para ello hace venir a Madrid a la Madre Mariana de San José. El día 16 de julio de 1611, fue para la reina uno de los más grandes de su reinado. El arzobispo de Toledo, Don Bernardo de Rojas y Sandóval, puso la primera piedra en presencia de los reyes y los infantes que asistieron a la ceremonia desde un balcón vecino del Colegio de Doña María de Aragón, de Agustinos calzados. Pero poco duraría la reina que, dos meses después, el 3 de octubre, falleció de parto en El Escorial. Desconsolado, el rey tomó las previsiones para que se construyese con la mayor celeridad el ferviente deseo de su esposa. No es aquí el lugar de contar cómo la muerte de la llorada Margarita de Austria se atribuyó a Don Rodrigo Calderón, el favorito del Duque de Lerma, él a su vez el poderoso válido de Felipe III. Acusaciones de envenenamiento, difíciles de probar, que dieron pábulo a la imaginación popular, envuelven el final prematuro de esta soberana. Su existencia fue malograda. A la brevedad de su vida hay que añadir las sinuosas intrigas cortesanas que amargaron los últimos momentos de una reina cuya dulce y agradable presencia alegró la estirada y un tanto envarada Corte de los Austrias en España.

La Madre Mariana de San José, fundadora de La Encarnación de Madrid, ocupa un puesto de honor en la pléyade de mujeres españolas. Su raza es la de una reformadora y fundadora del templo de Santa Teresa de Jesús, a la que conoció de niña y a la que admiraba profundamente. Muy poco le faltó para ser carmelita, tal como se cuenta en su *Autobiografía*, texto que se publicó después de su muerte, a mediados del siglo XVII. Nacida en Alba de Tormes, su padre, licenciado y administrador de la Casa de Alba, al quedar viudo se hizo sacerdote. Su familia era muy piadosa con tías y hermanas monjas. A los dieciocho años profesó en el convento de Agustinas de la Santa Cruz en Ciudad Rodrigo. Dos años después, cuando se hizo la reforma de la orden agustina, pasó a las descalzas recoletas. La lectura de la *Vida y virtudes de la Madre Mariana de San José*, escrito en el siglo XVII por el licenciado Luis Muñoz, nos hace comprender cuál fue el ambiente de fervor femenino que rodeó la llegada de la madre Mariana a Madrid que vino acompañada de tres monjas más, una de Palencia, y dos de Valladolid. Recibidas a su llegada por los reyes, la primera noche la pasaron en la casa de la Condesa de Miranda, cuya hija, Doña Aldonza de Zúñiga, que iba a profesar en las Descalzas, al conocer a la Madre Mariana quedó conquistada por ella, «porque luego que la vió, parece que le hundió el corazón en un amor y afecto extraño, con una esperanza cierta de que había de ser su segunda madre, y sin poder excusarlo, pasó llorando la mayor parte de la noche, y cada vez que le hablaba o veía, quedaba más prendada y rendida. Anduvo aquí la mano del Señor, uniendo estas voluntades porque la mudanza fue muy acelerada, la resolución muy presta y la unión muy fuerte». «Primera piedra espiritual» de La Encarnación, Doña Aldonza fue la primera madrileña que profesó de monja en el convento fundado por Doña Margarita. Su nombre en la religión fue el de Aldonza del Santísimo Sacramento.

Las relaciones Descalzas/Encarnación fueron, desde un primer momento, prendas de una mutua correspondencia. Las agustinas que durmieron a la noche siguiente, en las Descalzas, se fueron al día siguiente al monasterio de agustinas de Santa Isabel para luego la reina, en espera de construirles el monasterio de La Encarnación, alojarlas en el Alcázar. Acabado el monasterio, en él vivió la madre Mariana durante veinte años. Cuando contaba la edad de setenta años falleció santamente. Según sus biógrafos, su vida y sus costumbres fueron un espejo cristalino. Autora de escritos –*Discursos sobre los Cantares de Salomón y varios pensamientos*– es escritora que aporta matizaciones de la vida espiritual. Salvados por una hermana del fuego, pues en un acto de humildad su autora intentó quemarlos, pues según decía «no quiero que quede rastro de mi memoria», la Madre Mariana nos ofrece una prosa de estilo literario claro y límpido. Sus textos sobre los ángeles y sus experiencias interiores merecen ser tenidos en cuenta. Interesante es saber que cuando a los seis años después de su muerte, para «visitarla», se abrió su tumba delante del rey, se encontró «el cuerpo entero, aunque consumido y seco, con todo trabazón de sus huesos y piel, uñas, cabellos y nariz enteros; y tiene los humores de los ojos y parte de ellos enteros y sin consumirse, antes transparentes, las manos tiesas y puestas en el aire levantadas...»; desprendía buen olor y se le veía «las mismas venas en la frente y manchas...». De la Madre Mariana se conserva un retrato hecho por la hermana Francisca Ortiz de Sotomayor, latina y políglota, poetisa y notable pintora que iba para franciscana, pero que al conocer a la Madre se hizo agustina descalza, profesando con el nombre de Francisca de San José. Otra alma más seducida por la atracción irresistible de la fundadora.

El interior del convento es un verdadero museo de pintura y escultura del siglo XVII madrileño. La enumeración de los pintores desde Vicente Carducho y Bartolomé Román, su aventajado discípulo, pasando por Van der Hamen, Antonio Pereda, Juan Carreño de Miranda hasta Palomino, sería de por sí trazar un panorama bastante completo de la pintura religiosa madrileña del siglo XVII. También hay cuadros de otros pintores españoles como José de Ribera, el españoleto. En lo que se refiere a la escultura se conserva una magnífica colección, con obras del vallisoletano Gregorio Fernández, del que se destaca el Cristo yacente del claustro, réplica del que del mismo imaginero encontramos en las Capuchinas del Pardo, del que era tan devoto Felipe III, y entre otras de distintos autores, las del andaluz Pedro de Mena, que tanto gustó en la Corte durante la segunda mitad del siglo XVII. Pero quizás el interés mayor de esta magnífica colección artística sea más por los temas que por la calidad de las piezas. Este es el caso de las dos pinturas que destacamos: *La parábola del banquete de bodas*, en la Sacristía de la iglesia y *La entrega de las princesas Ana de Austria e Isabel de Borbón*, en el museo del interior del convento. En la primera, que ocupa todo el testero del fondo de la sacristía, formando un gran luneto de arco rebajado, es representado Cristo y los invitados sentados a la mesa del banquete de boda. Al mismo tiempo se ven las escenas de la expulsión del que no va vestido con el traje de boda. Alusión al convite de la Eucaristía, esta gran composición merece ser vista en detalle para descubrir su riqueza tanto iconográfica e iconológica como los detalles pintorescos y narrativos que encierra. En el segundo cuadro, pintado por Peter van der Meulen, vemos, en gran formato rectangular, el intercambio de esposas en medio del río Bidasoa entre los franceses y los españoles: una para Felipe IV, la otra para Luis XIII. Era el año 1615. Años más tarde, en 1660, con la paz de los Pirineos en la Isla de los Faisanes, habría otra vez un nuevo intercambio de igual tipo. Estas bodas entre francesas con españoles y de españolas con franceses serán las que a la muerte sin heredero de Carlos II, en 1700, harán que estalle la Guerra de la Sucesión y que por último el vencedor, Felipe V, Borbón francés, fuese rey de España.

Precisamente al entrar en el Museo, nos encontramos con el retrato de este rey cuando era joven, vestido de negro a la española, pintado por Antonio Acisclo Palomino, con el fin propagandista de agradar a los que iban a ser sus súbditos.

Ángeles y Arcángeles pueblan todo el convento. Al igual que sucedía en las Descalzas, nos encontramos ante una devoción muy de la época. Precisamente la Madre Maríana de San José que les tenía devoción, escribió muchas páginas sobre ellos. En una ocasión, estando en oración, se «halló cercada de gran número», pero a causa de la ausencia del Señor «no podía alegrarme con aquellos santos y gloriosos espíritus con quien me consolaba tanto, entendí como no podía el alma tener verdadero gozo sino era en solo y con solo Dios...». Pero esto fue un caso excepcional. La Madre Mariana pensaba que «las virtudes que resplandecen más en los ángeles son pureza, obediencia y humildad, fortaleza, agradecimiento y encendida caridad. Estas virtudes son el ornato y hermosura de aquellos espíritus angélicos, que como estrellas lucidísimas hermosean aquella ciudad santa, alegrando a sus moradores... Ayude todo esto para estar con reverencia en los oficios divinos y oración, adonde muchas veces se vuelven a representar mezclados entre las hermanas; y unos con otros hacen muy bien con su caridad a la atención de la divina presencia».

Arcángeles mezclados a las monjas los encontramos en el coro amplio y bien encerado, luminoso y pulido, de La Encarnación. Allí están sobre la estricta sillería clasicista de madera oscura, pintados de cuerpo entero los siete arcángeles, con sus respectivas leyendas: «San Miguel, recibe las ánimas de los que mueren bien. San Gabriel, favorece para que los hombres obedezcan las divinas inspiraciones y alcancen la obediencia. San Rafael, favorece a los que quieren hacer verdadera penitencia. San Jehudiel, favorece para confesar bien. San Baraquiel, favorece para alcanzar los dones del Espíritu Santo. San Sealtiel, favorece para tener buena oración. San Uriel, favorece las batallas contra las tentaciones y para que amen a Dios». Los arcángeles con su inquietante belleza, están aquí como creados entes de la luz, símbolos de la inocencia, anunciadores, adoradores y protectores, no como símbolos guerreros o bélicos. Tal como los veía la priora Madre Mariana de San José, así los pintó Bartolomé Román, el mismo artista que hizo la serie que en las Descalzas anuncia un interior de vírgenes consagradas al Señor.

En el coro, se encuentra la tumba de Sor Ana Margarita de San Joseph, hija natural de Felipe IV. Sólo tenía doce años cuando profesó, en una solemne ceremonia ante su padre. En el convento se le trataba con el título de Serenísima Señora. Por desgracia murió muy joven, a los 27 años. De la pobre bastarda se encuentra en el convento una bella pintura de Antonio de Pereda, en la que se ve de rodillas entre San Agustín y Santa Mónica, el día de su toma de hábito. En lo alto está la Gloria con la Virgen y el Niño Jesús que derraman flores sobre la monjita, niña e inocente. ¡Regalo conmovedor de un padre, cuyos entretenimientos eran la caza, los saraos y las aventuras amorosas con comediantes de tronío y otros desvaneos poco religiosos!

La pieza más impresionante de todo el convento es el Relicario. Desde el punto de vista arquitectónico es una habitación cuadrangular con un elegante techo de pinturas al fresco de Bayeu, a manera de artesonado con ornamentos menudos de progenie clasicista y representaciones de las virtudes cardinales y en el centro el misterio de la Trinidad. Sus cuatro paneles, con un rodapiés de azulejos de Talavera azul, están enteramente recubiertos con anaqueles acistalados con marcos de bronce en los que se encierran las preciosas reliquias. Sobre estos entrepaños hay medios cuerpos, bustos y cabezas de santos en medio de perindolas con sus correspondientes bolas, imitando el mármol rojo. En el centro de la estancia hay un altar con una famosa tabla del italiano Bernardino Luini, que representa la Sagrada Familia. Un cancel de palo santo rodea el altar aislándolo. En una esquina se encuentra un féretro recubierto de peluche de terciopelo rojo, con clavos dorados. Está sostenido por cuatro pies torneados. Dentro se encuentra el cuerpo incorrupto de Doña Luisa de Carvajal y Mendoza, noble nacida en Jaraicejo (Cáceres), que murió en Londres en mártir de la fe. Amiga íntima de la fundadora, la Madre Mariana de San José, Doña Luisa, que nunca profesó como monja, abandonó todas las seducciones de la Corte para irse a Inglaterra para combatir la herejía protestante, con deseo de apostolado y martirio. La empresa fue ardua. Durante nueve años fue perseguida, ultrajada y menospreciada. Logró conversiones al catolicismo. Estuvo en la cárcel dos veces. Muerta en 1614, su cuerpo fue traído a España, en donde Don Rodrigo Calderón intentó llevarlo al convento bajo su patronazgo de Portaceli en Valladolid. La Madre Mariana, por intermedio del rey, logró que el cadáver le fuese entregado para La Encarnación.

La reina Margarita, cuando hizo su viaje desde Graz a Madrid fue con su madre recogiendo todas las reliquias posibles. Pero éstas fueron entregadas al gigantesco relicario de El Escorial. Las que hoy se encuentran en La Encarnación son posteriores a su muerte. Pero la Madre Mariana era tan ávida de reliquias como su reina. Su biógrafo, Luis Muñoz, nos dice que «era grande la devoción que tuvo a las reliquias de los Santos: para su decente colocación hizo el Relicario del Real Convento de La Encarnación, que es de las mayores cosas de España». No cabe duda de ello. Lo interesante es saber cuales eran sus intenciones ante tan magnífica lisapnoteca. Quería que las monjas tuviesen gran respeto a las reliquias tocándolas cuando era necesario con gran decencia. Pero reprendía a las que las sacasen del relicario llevándolas a las celdas, por no juzgar fuesen lugares «decentes».

En los anaqueles de estantes cerrados con cristal se pueden ver un Lignium Crucis, Huesos de Santos atados con lacitos en medio de ramilletes de flores, un Nacimiento de cera, una Santa María Egipciaca o Magdalena, también de cera, con cabellera rubia de pequeños rizos y tirabuzones recostada en su gruta, caracolas, acericos bordados y recamadas almohadillas, Niños Jesús vestidos de diferentes trajes de gala, piezas de marfil y carey, cofres de plata, espejos, fanales y ampollas de cristal. Entre las piezas destacan una urna con la calavera de San Alejandro en medio de flores y un Niño Jesús vestido de Buen Pastor. En su mano derecha tiene una perdiz y en la izquierda una paloma. Lleva colgadas las llaves del corral y una navajita. Tiene un burro y un perro. En torno a este delicioso infante están las ovejitas y muchos papeles manuscritos. Las ovejas representan las monjas y los papeles sus pensamientos. En el convento se le tiene mucha devoción. Pero la joya del Relicario es la ampolla que contiene una porción de la sangre del Mártir San Pantaleón y que anualmente se licúa en la víspera del día de su fiesta, el 27 de julio.

Hay que acudir a La Encarnación el día de San Pantaleón. Muchos madrileños lo hacen dovotamente. A la entrada de la iglesia se venden libros y estampas del santo médico y traumaturgo que, en el siglo III, recibió martirio bajo el emperador romano Diocleciano, en Nicomedia, ciudad de la actual Turquía noroccidental. Llamado en vida Pantaleonta, «en todo semejante al león», al morir se transformó en Pantaleemon, que significa «misericordia». Mártir, será un santo milagroso que derrama misericordia y es abogado contra picaduras y mordeduras de insectos y reptiles. Repartidas sus reliquias en muchas ciudades de Europa, pocas tienen la importancia de la de Madrid. Sangre de San Pantaleón hay en pequeñas porciones en varios santuarios de Italia, en los que también se licúa el día 27 de julio de por año. Un prodigio similar es el de la sangre de San Jenaro, patrón de Nápoles, que se licúa tres veces por año. La de San Pantaleón de Madrid también lo hace otras veces fuera de fecha en ocasiones excepcionales. Entonces anuncia guerras y calamidades públicas. El día 27 de julio se expone al público. Personas de la clase alta y de la popular se agolpan en el comulgatorio para contemplar el prodigio. Un sacerdote inclina la ampolla suavemente para que la gente pueda ver cómo, dentro, se desplaza lenta y viscosamente, la gota de sangre de aspecto rojizo y fresco. Después los fieles, de rodillas, la van besando. La gente se va meditabunda.

Aquel que ha ido a La Encarnación no a buscar milagrosos prodigios y negros augurios de catástrofes, sino para sumergirse en el pasado artístico, al salir al medio o compás del convento vuelve la vista y una vez más admira la perfección de la fachada de la iglesia. El blanco relieve de mármol de suaves líneas, con la Anunciación de María sobre el tripórtico, es el único elemento figurativo de su composición. Lo demás es geometría y número. Las monjas de La Encarnación una vez que han traspasado el umbral del monasterio y toman sus negros hábitos de monjas profesas no vuelven a disfrutar de la contemplación de este puro prodigio de arquitectura, levantado en el corazón de la ciudad para honrar y adorar a la divinidad.

Antonio Bonet Correa

ÍNDICE DE FOTOGRAFÍAS

41. Capilla de La Asunción. Real Monasterio de Las Huelgas (Burgos).

42-43-45. Salón Dorado, convertido en sala de museo, alberga en los paneles de sus arquerías pinturas murales de diferentes épocas. Monasterio de Santa Clara de Tordesillas (Valladolid).

44. Sala mudéjar de Santa Clara de Tordesillas. Pintura mural gótica: Peregrino de Santiago.

46. En el Monasterio de Santa Clara de Tordesillas las monjitas desde el coro bajo, podían contemplar la imagen de la Pasión de Cristo.

47. Reja románica del Coro Bajo de Santa Clara de Tordesillas (Valladolid).

48. *Virgen de la rosa*, de estilo gótico. Anónimo. Real Monasterio de Las Huelgas (Burgos).

49. Obra maestra del Monasterio de Tordesillas es el retablo de la Capilla de los Saldaña. Tríptico de madera portátil flamenco con pinturas atribuidas al Maestre Nicolás Francés. Siglo XV.

50. *Virgen Dolorosa* de Pedro de Mena, de 1673, en la Sala Capitular de Las Descalzas Reales (Madrid). Cristales de una ventana de clausura.

51. Escalera con simulado balcón real de los Habsburgo. El Monasterio de Las Descalzas fue fundado por Doña Juana de Austria en 1555.

52. Bóveda y detalle de la Escalera Real del Monasterio de Las Descalzas. En 1535, Carlos V adquirió un palacio renacentista, que convirtió más tarde en monasterio Doña Juana de Austria.

53. Claustro Alto del Monasterio de Las Descalzas Reales. Hornacina del Refugio con la tabla de Bernardino Luini (entre 1485 y 1532) de *La Virgen y el Niño Jesús*.

54. En una época «jugar a las capillitas» fue una costumbre infantil. En el Claustro Alto del Monasterio de Las Descalzas, los infantes tenían la Capilla de las Niñas.

55. Corredor y Sala de Museo con la pintura *Moneda del César* de Tiziano. El estilo que predomina en el interior del Monasterio de Las Descalzas Reales es el barroco.

56. Coro Alto de Las Descalzas Reales. *San Francisco en pie y Santa Clara de rodillas*, recibiendo la Regla de su orden. Siglo XVII.

57. En el convento de monjas agustinas recoletas de La Encarnación, hay una gran colección de reliquias. Cráneo de S. Alejandro.

58. Relicario del Convento de La Encarnación. Imagen de Santa María Egipciaca.

59. Relicario. Altar con la Tabla de Bernardino Luini (entre 1485 y 1532) representando la Sagrada Familia. La Encarnación (Madrid).

60. Era costumbre de las personas de la realeza, además de fundar conventos, ir coleccionando reliquias en sus viajes y traslados. Monasterio de Las Descalzas Reales (Madrid).

61-63. Relicarios del Convento de La Encarnación (Madrid). La Madre fundadora, Sor Mariana, a los seis años de muerta conservaba el cuerpo entero, aunque consumido y seco...

62. Pomo de la Sangre de San Pantaleón. Convento de La Encarnación (Madrid).

64. Celda o «casita» de Sor Margarita. Retrato de la archiduquesa muerta en su féretro. Siglo XVII. Monasterio de Las Descalzas Reales (Madrid).

65. El Divino Pastor. Relicario del Convento de La Encarnación (Madrid).

66. Vitrina con reliquias. Convento de La Encarnación (Madrid).

67-68. A pesar del saqueo napoleónico quedan todavía muchas colecciones en el Monasterio de El Escorial. La mayor lipsanoteca de su tiempo: 7.422 reliquias llegadas de todas partes del mundo.

69. «Manos de Santo...». Reliquias del Convento de La Encarnación (Madrid).

70. Manos... eterna tentación para los pintores. Detalle de la pintura de *San Juan Bautista* de Jusepe el «Espagnoletto» Ribera, en el Convento de La Encarnación (Madrid).

71. *San Juan Bautista* de Jusepe el «Espagnoletto» Ribera. Convento de La Encarnación (Madrid).

72. Toda la expresividad en un detalle de la pintura de Luca Giordano: *San Agustín y Santa Mónica* de 1657. De la colección del Convento de La Encarnación (Madrid).

73. En el aristocrático Convento-Monasterio de Las Descalzas Reales: *Ecce Homo* de Pedro de Mena, 1673. Está localizado en la Sala Capitular.

74. En el día de la solemnísima consagración del templo, Felipe II dio orden de cerrar las rejas del vestíbulo de la Iglesia de El Escorial... *Capilla del Cristo de la Buena Muerte*.

75. *Cristo de Benvenuto Cellini*, 1562. Iglesia del Monasterio de El Escorial.

76. *Descendimiento* (Monasterio de San Lorenzo de El Escorial).

77. *Descendimiento* (Monasterio de San Lorenzo de El Escorial).

78. *Cristo yacente*, de Gregorio Fernández en el Convento de La Encarnación (Madrid).

79. En el Claustro Alto del Monasterio de Las Descalzas Reales: *Santo Cristo yacente*, de Gaspar Becerra (1520-1570).

80-81. Capilla de la Dormición de la Virgen del Monasterio de Las Descalzas Reales.

82. Capilla de Guadalupe. Sebastián de Herrera Barnuevo. Siglo XVII. Claustro Alto del Monasterio-Convento de Las Descalzas Reales (Madrid).

83-84-85. En el Claustro Alto del Monasterio-Convento de Las Descalzas Reales, abundan las capillas para que las monjitas eleven sus preces a sus santas favoritas.

86. Sepulcro de la princesa Doña Juana de Austria, obra de Pompeyo Leoni, en la Iglesia del Monasterio de Las Descalzas Reales (Madrid).

87. Otra muestra de las múltiples capillas del Monasterio de Las Descalzas Reales: Capilla de la «Casita de Nazaret».

88. Al desembocar en la galería del claustro de la Clausura, se puede optar por la visita de las numerosas capillas, que por entero recubren las cuatro paredes del Monasterio de Las Descalzas, o entrar en la parte del palacio que sirvió de celdas a las monjas: Celda o «Casita» de Sor Margarita de Austria y objetos piadosos de su pertenencia.

89. Sean o no del estilo, las sombras que produce la luz al atravesar las cristaleras de los monasterios, siempre son mágicamente góticas... Puerta a la huerta

en el Monasterio de Las Descalzas Reales (Madrid).

90. El Escorial es el arquetipo del palacio-monasterio-panteón real... En la foto, corredor del Palacio Real.

91. Luis Méndez de Haro advirtió a Felipe IV que en El Escorial debían suprimirse las obras carentes de calidad, porque el Monasterio era... «teatro adonde van a parar todo el año tantos extranjeros y lo admiran por maravilla tan grande». Al cabo de los siglos sigue la afluencia de visitantes.

92. Tumba de Don Juan de Austria, obra de Giusseppe Galleoti en el siglo XIX. Forma parte del Panteón de los Infantes del Monasterio de San Lorenzo de El Escorial (Madrid).

93. Panteón de Infantes, siglo XIX. Monasterio de San Lorenzo de El Escorial (Madrid).

94-95. Entrada a la tétrica decoración barroca del Panteón Real, siglo XVII, que, como contrapunto, rompe con el rigor formal de un edificio granítico. San Lorenzo de El Escorial (Madrid).

96. Entierros Reales: Cenotafio del Emperador Carlos V. Obra de Pompeyo Leoni. Iglesia de San Lorenzo de El Escorial (Madrid).

97. Entierros Reales: Cenotafio de Felipe II. Obra de Pompeyo Leoni. Iglesia del Monasterio de San Lorenzo de El Escorial (Madrid).

98. Bóveda del Coro Alto. Pintura al fresco de Luca Cambiaso. Siglo XVI. Monasterio de El Escorial (Madrid). Un signo cabalístico en esta pintura: el cubo a los pies de Dios.

99. Iglesia del Monasterio de El Escorial vista desde el Coro Alto.

100. La música, la literatura y la pintura, tres magníficas obsesiones de Felipe II... Iglesia del Monasterio de El Escorial (Madrid).

101-102. Altar de la Sagrada Forma, con un dispositivo teatral que baja y sube su pieza fundamental: la pintura de Claudio Coello de 1684.

103. Sala Capitular o Sala Vicarial. Todo en el Monasterio de El Escorial está realizado como culto a la inteligencia y a la religión.

104. Casullas y ornamentos sagrados. Museo de las Salas Capitulares. Monasterio de San Lorenzo de El Escorial (Madrid).

105. Altar portátil del Emperador Carlos V. Monasterio de El Escorial.

106-107. Obras artísticas de todo tipo nos dejó como patrimonio Felipe II en la Iglesia del Monasterio de El Escorial (Madrid).

108. Púlpito de la Iglesia del Monasterio de El Escorial. Obra de Manuel de Urquiza, broncista del rey Fernando VII. Hacia 1827.

109. Retrato del primer bibliotecario Fray José de Sigüenza (historiador de El Escorial). Biblioteca del Monasterio.

110. Manuscrito de Las Cántigas del rey Alfonso X el Sabio, en la Biblioteca de El Escorial.

111. Felipe II y Juan de Herrera tenían libros de ciencias ocultas. En la iconografía de la Biblioteca del Monasterio de El Escorial, figuran todos los símbolos que nos inician en un saber superior.

112. Biblioteca del Monasterio de El Escorial. En primer término Esfera Armilar. Está concebida según el sistema geocéntrico de Ptolomeo. Fue construida en Florencia alrededor de 1582 por Antonio Santucci y dedicada al Cardenal Claudio de Boume. Está confeccionada en madera de pino.

113. Puerta de marquetería del Salón del Trono. Obra de taracea alemana. Palacio del siglo XVI del Monasterio de El Escorial (Madrid).

114-116. El rey que lo poseía todo, sólo podía encontrar placer en la renuncia... El austero estilo castellano en las habitaciones de Felipe II. Monasterio de El Escorial (Madrid).

115. Antecámara o Sala de Embajadores del Palacio Real del siglo XVI. Monasterio de El Escorial (Madrid).

117. La austeridad se hace más patente si cabe en el Salón del Trono. Palacio del siglo XVI del Monasterio de El Escorial (Madrid).

118. Reloj de sol en pizarra y bronce incrustado en el suelo, obra de J. Wendlingen de Sam Bourgotner, en Viena, 1755. Antecámara o Salón de Embajadores. Palacio Real del Monasterio de El Escorial (Madrid).

119. Sala de Batallas. Pinturas de Nicolás Granello y Fabricio Castello. Palacio siglo XVI del Monasterio de El Escorial (Madrid).

120. Batalla de Higueruela, posterior a 1584. En esta batalla participaron Juan II y su valido Álvaro de Luna. Sala de Batallas del Palacio Real del siglo XVI, en el Monasterio de El Escorial (Madrid).

121. Sala de Batallas. Palacio Real del siglo XVI del Monasterio de El Escorial (Madrid).

122. Tapices de Pedro Pablo Rubens, regalo de la Infanta Isabel Clara Eugenia en 1627. Monasterio-Convento de Las Descalzas Reales (Madrid).

123. Sala de los Tapices, antiguo dormitorio de las monjas. Monasterio de Las Descalzas Reales (Madrid).

124. Salón Dorado de retratos o antiguo Candilón. Cuadros de Rubens, Sánchez Coello, Antonio Moro, etc. Monasterio-Convento de Las Descalzas Reales (Madrid).

125. Salón de pintores flamencos y Tiziano. Convento de Las Descalzas Reales.

126. Pintura con el motivo de La Sagrada Familia. Se halla en el Claustro del Monasterio-Convento de Las Descalzas Reales (Madrid). Siglo XVI

127-131. Retratos de Felipe III y Margarita de Austria, fundadores del Monasterio de La Encarnación (Madrid).

128. Emperatriz Doña María. Monasterio de Las Descalzas Reales (Madrid).

129. Entrega de las Princesas en el Bidasoa. Prólogo de los enlaces regios: Ana de Austria - Luis XIII de Francia e Isabel de Borbón - Felipe IV de España. Convento de La Encarnación (Madrid).

130. Cuadro que se conserva en Las Descalzas Reales (Madrid).

132. Órgano realejo del siglo XVI. Capilla Dorada de Santa Clara de Tordesillas (Valladolid).

133. Clavicordio de Doña Juana la Loca. Flamenco del siglo XVI. Capilla Dorada del Monasterio de Santa Clara de Tordesillas (Valladolid).

134. Capilla Dorada con el Realejo del siglo XVI. Monasterio de Santa Clara de Tordesillas (Valladolid).

135. *El invitado a la boda*. Pintura de Bartolomé Román. Siglo XVII. Sacristía del Convento de La Encarnación (Madrid).

136. Salón de los Reyes del Monasterio de Las Descalzas Reales (Madrid). Sobre la mesa las coronas de bronce que se colocaron sobre los túmulos funerarios de la Emperatriz Doña María y Sor Ana Dorotea.

137. El Salón de pintura flamenca en el Monasterio-Convento de Las Descalzas Reales (Madrid).

138. Escaleras en el Palacio del siglo XVI del Monasterio de San Lorenzo de El Escorial (Madrid).

139. También las armaduras metálicas modernas de los tejados de El Escorial pueden adoptar formas austeramente mágicas.

140. Felipe II había construido su habitación junto al presbiterio de la Iglesia de El Escorial. Fue en esta habitación donde falleció el 13 de septiembre de 1598. Pinturas de El Bosco adornan sus habitaciones.

141. Habitaciones de la Infanta Isabel Clara Eugenia. Monasterio de El Escorial (Madrid).

142-143-144. Salas del Museo del Monasterio de El Escorial (Madrid).

145. Escalera principal del Monasterio de El Escorial. Trazada por Juan Bautista Castello, *el Bergamasco* (siglo XVI). Bóveda de Luca Giordano (siglo XVII).

146. El Escorial era llamado palacio-monasterio de la super sabiduría... En la fotografía, ventana del Palacio Real al jardín.

147. Una de las partes primitivas del Monasterio-Convento de Las Descalzas Reales: el Patio-Claustro.

148. Patio de los Evangelistas. El templete de la fuente es una de las obras maestras de Juan de Herrera en El Escorial.

149. La sombra de la Iglesia de El Escorial perfilándose sobre la biblioteca, nos hace pensar en cómo en la Concepción de El Escorial intervinieron los saberes herméticos.

150. Toda la arquitectura de El Escorial, exceptuando los añadidos barrocos, fue sometido a, un rigor cartesiano. Patio de los Reyes, visto desde la Iglesia.

151. Lonja de la fachada norte de El Escorial; el edificio de arquitectura simbólica en su exterior, se ha relacionado por su forma con la parrilla en que fue martirizado San Lorenzo.

152. En el Monasterio de El Escorial nada está dejado al azar, todo está arquitecturizado.

153. Los sillares de los muros son iguales de tamaño y están aparejados de la misma forma. Entrada principal, fachada oeste de El Escorial.

154. El edificio de El Escorial fue totalmente realizado para el placer saturniano de la inteligencia. Fachada Este y vista sobre la ciudad.

155. Silla de Felipe II en el bosque cercano al Monasterio de San Lorenzo de El Escorial (Madrid).

156. El Monasterio de San Lorenzo de El Escorial de noche.

157. La fachada sur del Monasterio recuerda lo que dijo en su libro, *El Jardín de los Frailes*, el Presidente Azaña: «Amanecí en El Escorial, donde no tuve otra impresión el primer día que la de entrar en un país de insólitas magnitudes».

158. El Monasterio de Santa Clara de Tordesillas goza de una posición geográfica privilegiada. Vista sobre el río Duero.

159. Por disposición testamentaria de Pedro I el Cruel, el Palacio pasó a ser monasterio de Clarisas. En la fotografía, entrada al Monasterio de Santa Clara de Tordesillas (Valladolid).

160. Alfonso XI y Pedro el Cruel fueron los constructores del Palacio que hoy es el Monasterio de Santa Clara de Tordesillas (Valladolid).

161. Patio exterior del Monasterio de Santa Clara de Tordesillas (Valladolid).

162. Restos de la fachada palatina de Santa Clara de Tordesillas con decoración de arcos lobulados en un paño de sebka.

163-164. «Ora et labora»... Monasterio de Santa Clara de Tordesillas (Valladolid).

165. No todo es orar y trabajar... Las monjas cistercienses del Real Monasterio de Las Huelgas pasan su ocio en placentera conversación.

166-167. Las Claustrillas del Real Monasterio de Las Huelgas (Burgos), es la parte más antigua de los edificios monasteriales. Por su arcaísmo, es ajeno al espíritu del arte cisterciense, hacia 1200.

168. Los Trastamara debieron atravesar esta puerta para coronaciones y bodas. Pórtico de entrada a la Iglesia (siglo XIII) del Real Monasterio de Las Huelgas (Burgos).

169. Iglesia remodelada en el siglo XVIII por Don Ventura Rodríguez. Convento de La Encarnación.

170. Capilla del Milagro. Pinturas al fresco de Francisco Rizi y Dionisio Mantuano, hacia 1678. Monasterio-Convento de Las Descalzas Reales (Madrid).

171. Yesería de estilo mudéjar del siglo XIII. Situado en el Claustro del Real Monasterio de Las Huelgas (Burgos).

172. Tribuna al crucero de la Iglesia del Monasterio de Las Huelgas (Burgos).

173. La elegante iglesia gótica del siglo XIII del Real Monasterio de Las Huelgas en Burgos, sólo es comparable a la cabecera de la Catedral de Cuenca, la giralda de la Catedral de Toledo y el refectorio del Monasterio de Santa María de Huerta.

174. En el ábside de la Iglesia del Monasterio de Las Huelgas (Burgos), se alberga el Coro de los Capellanes del Monasterio.

174-175. En el corazón de Madrid se encuentra el Monasterio de Las Descalzas Reales. Penetrar en su zaguán es abandonar nuestra época y entrar en el Siglo de Oro español. Recorrer el interior es revivir el Madrid de los Austrias.

177. Galería de convalescientes del hospital del Monasterio de El Escorial, famosa por su soleada situación. Tejados, chapiteles y chimeneas y fachada norte del Monasterio.

178. El Monasterio de San Lorenzo de El Escorial desde la Silla de Felipe II, *Domus regia, Domus sacerdotum* y *Domus Domini*, es el símbolo de una monarquía teocrática y universal.

6

7

16

17

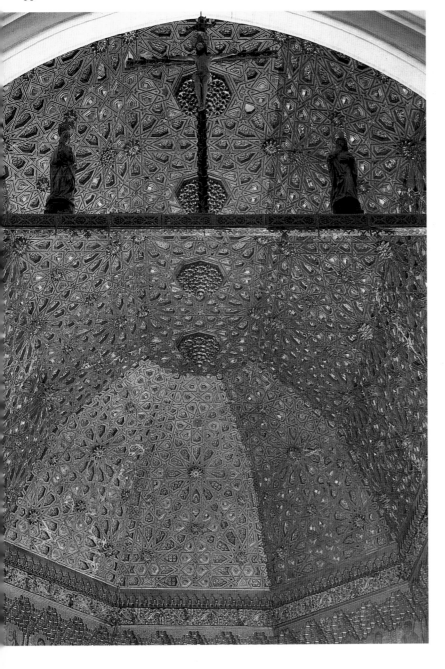

46

47

48

49 →

61

62

63

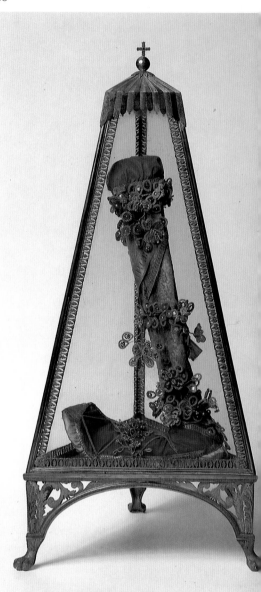

64

66

65

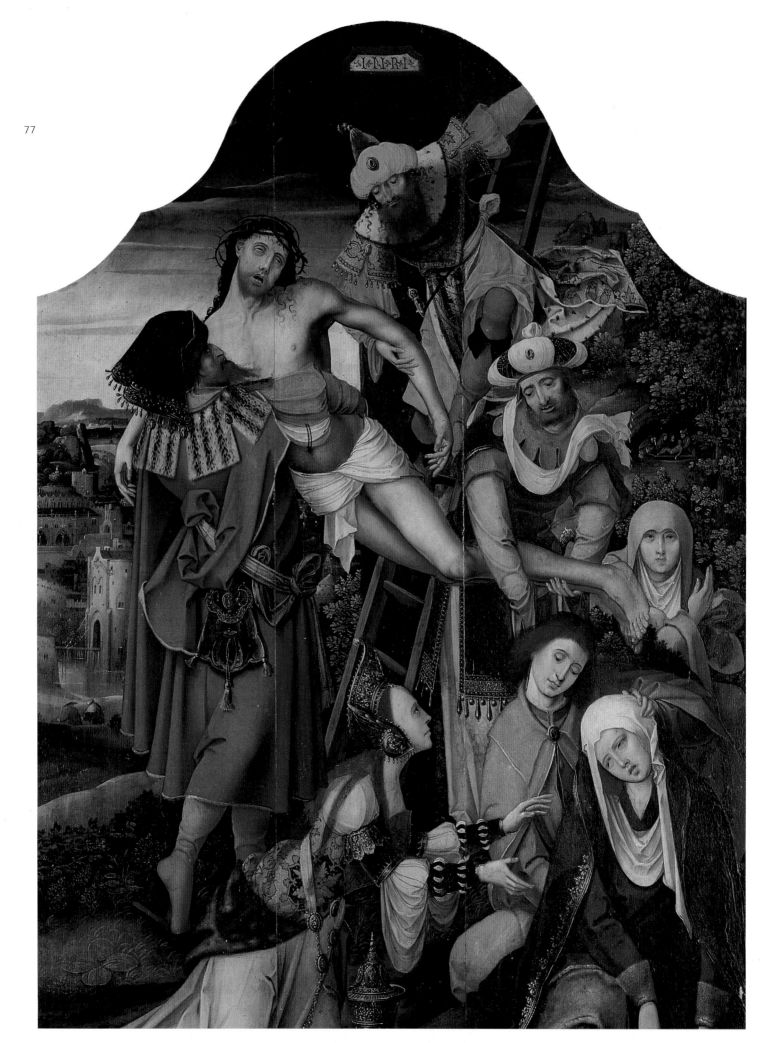

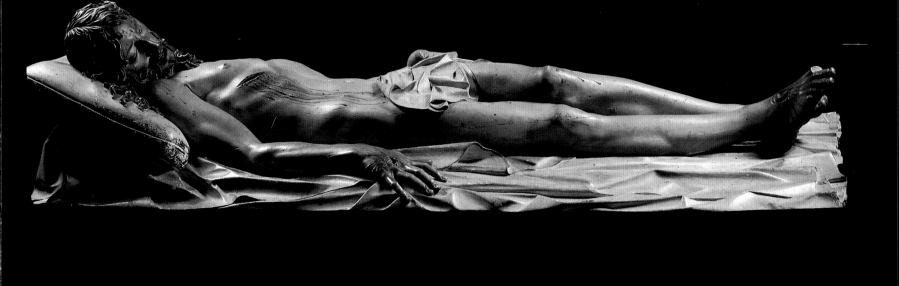

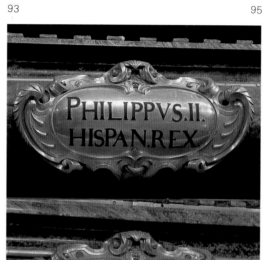

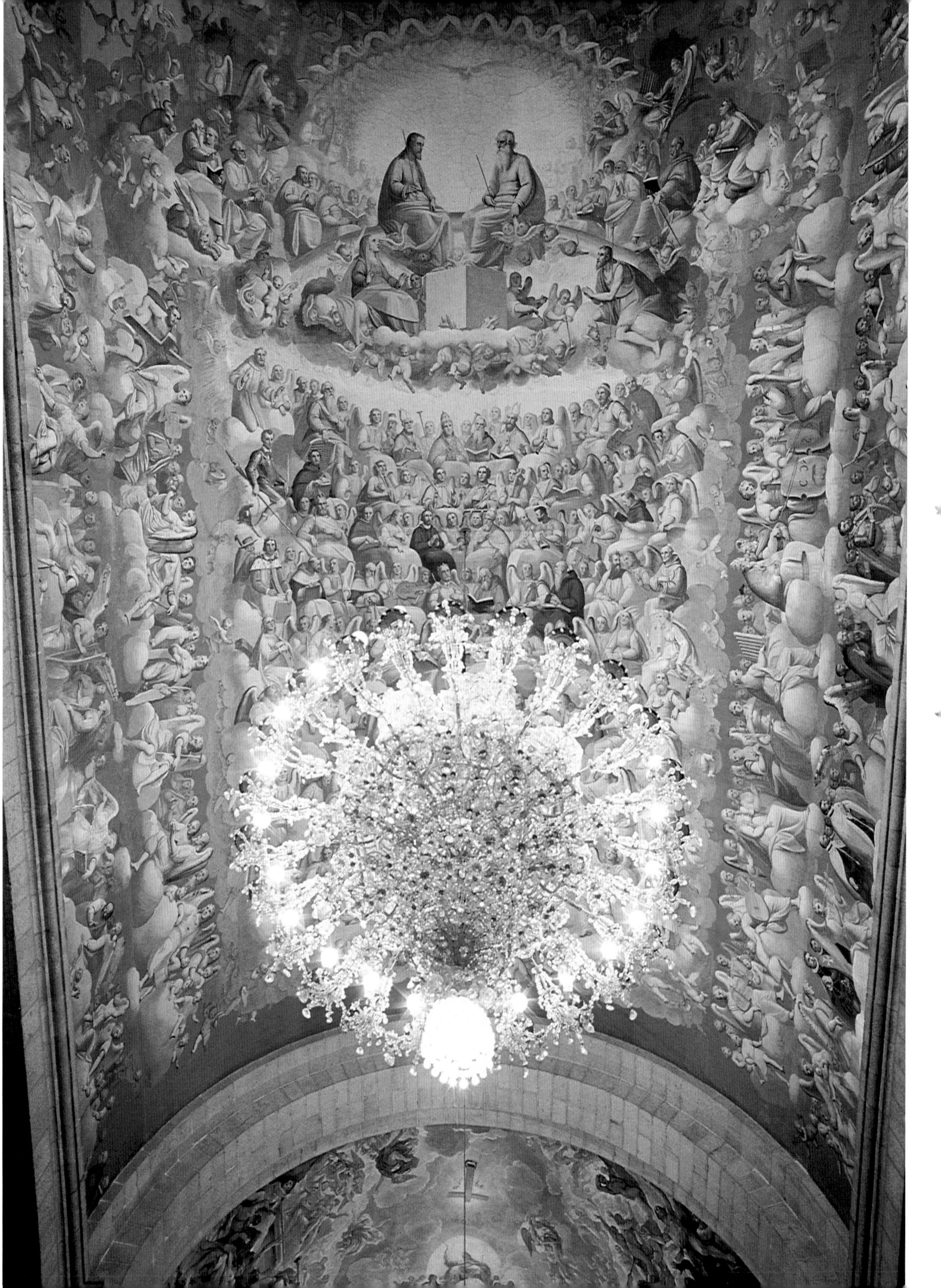

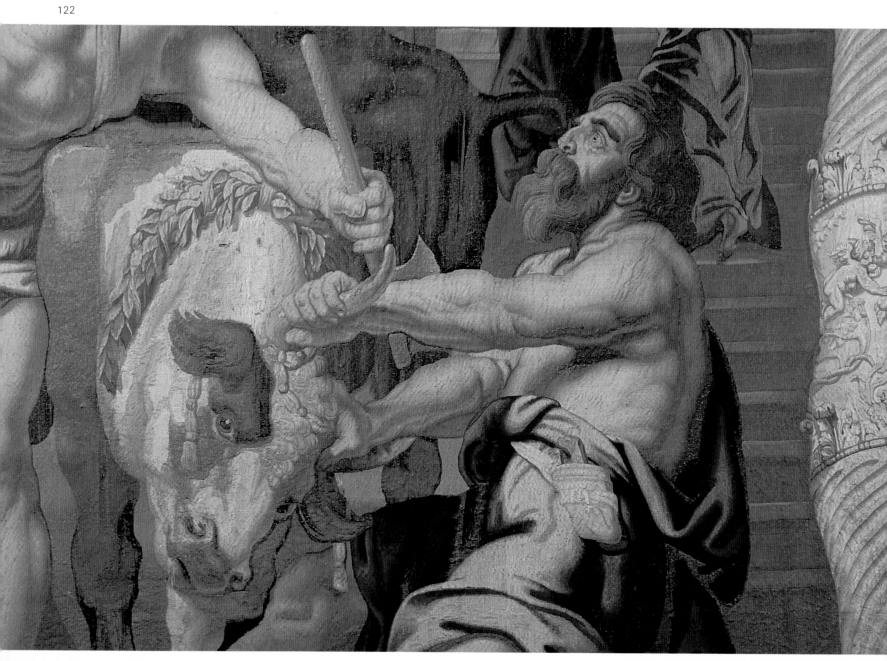

← 131

132

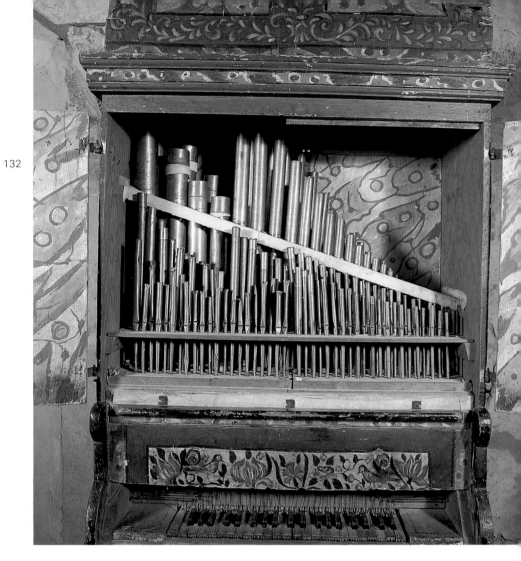

133

142

143 145

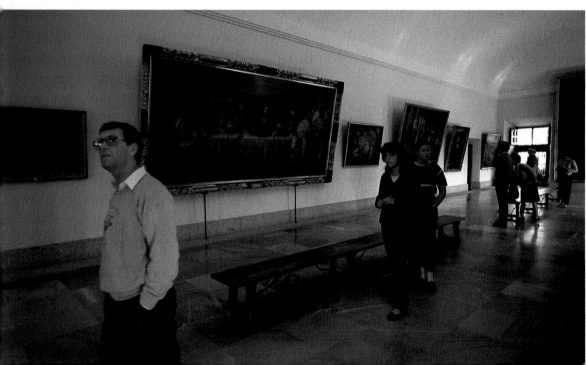

144

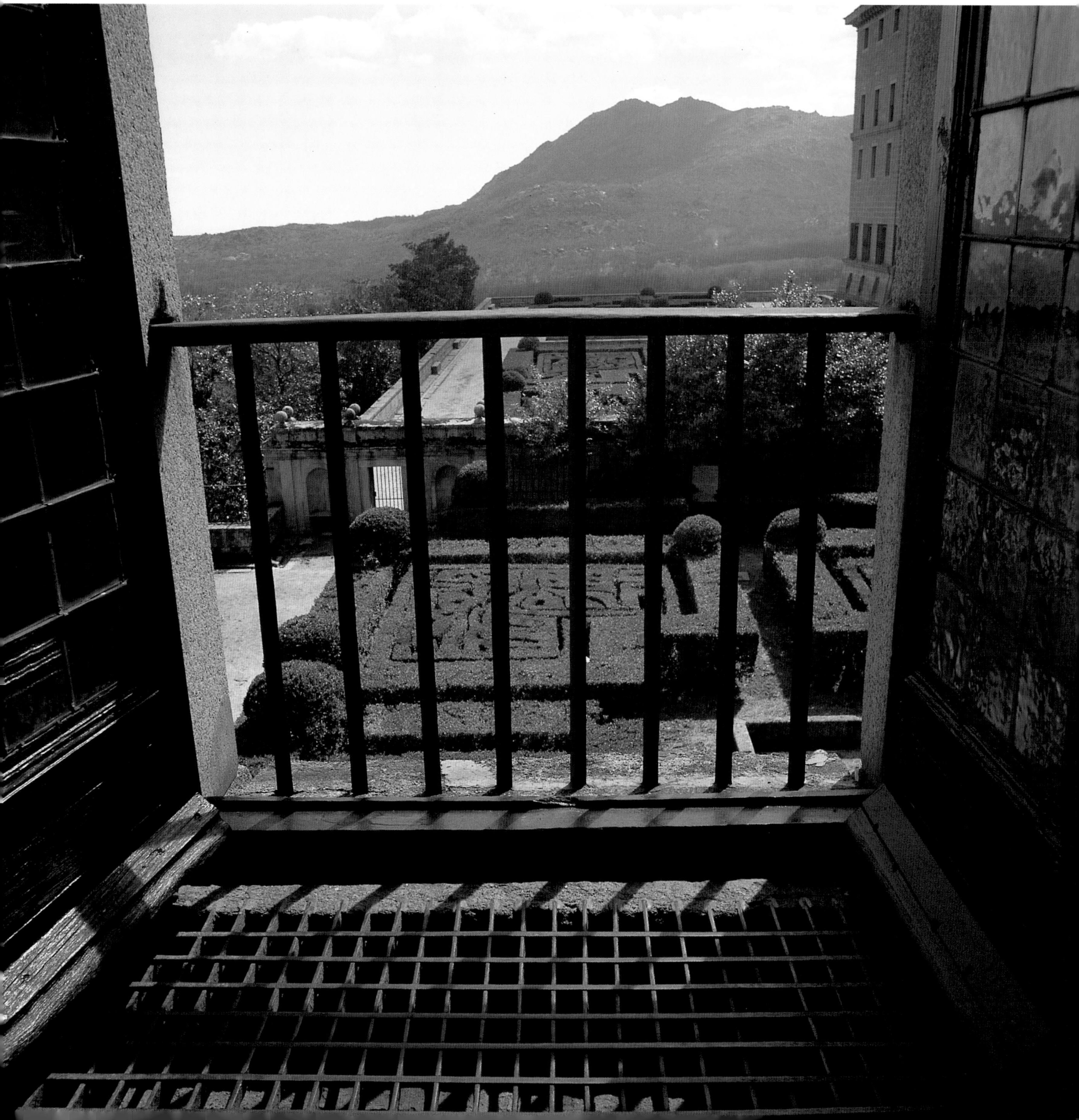

155

156

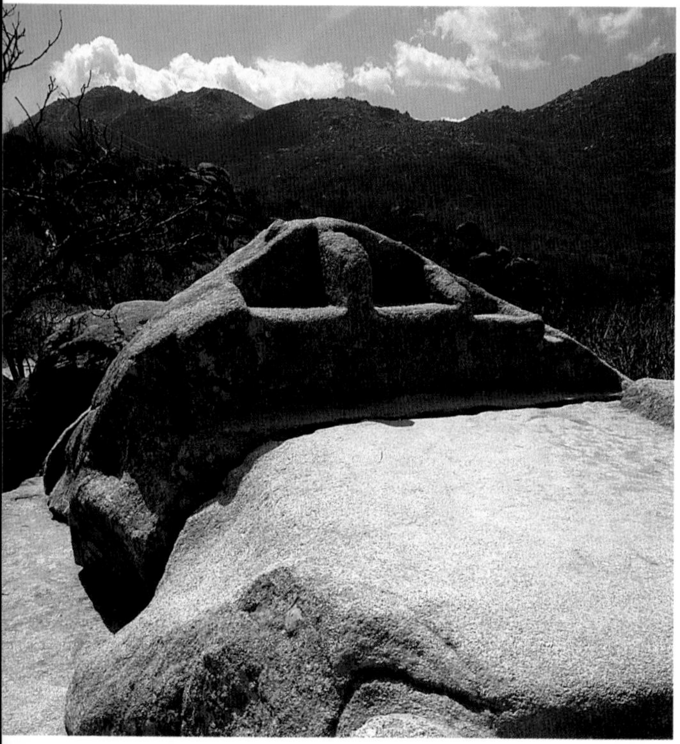

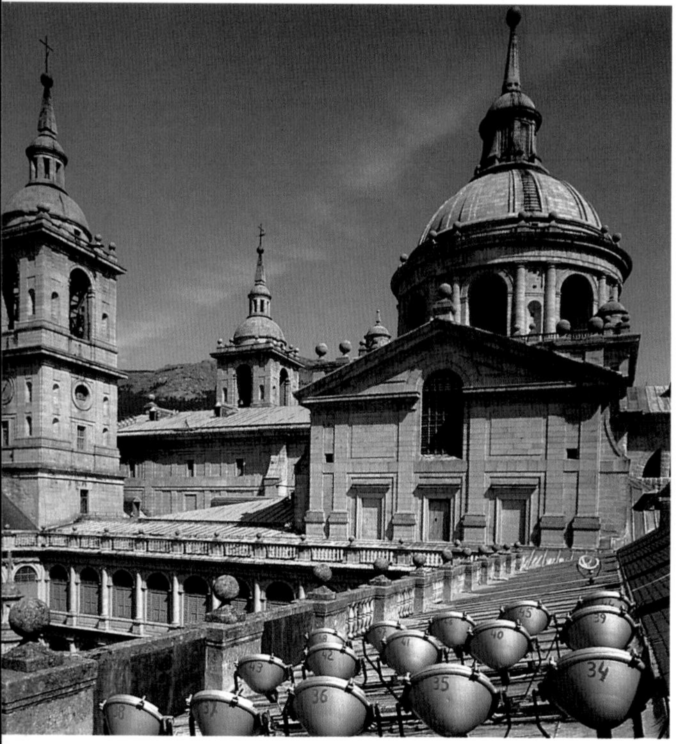

164

INTRODUCTION

After the publication of the book on the Royal Palaces it would seem fitting to devote another volume to that ensemble of buildings maintained today under the denomination of Royal Trusts (*Patronatos Reales*), which originally came into existence as institutions founded by members of the Royal Family. These institutions are of a predominantly religious character and were very numerous under the old régime. Today the National Heritage still maintains the following: the Royal Convent of Las Huelgas in Burgos, the Convent of Santa María la Real in Tordesillas (better known as the Convent of Santa Clara), the Convent of the Royal Discalced Carmelites in Madrid, the Monastery of San Lorenzo el Real de El Escorial, the Royal Basilica of Atocha in Madrid, the Convent of Santa Isabel la Real in Madrid, the Royal Convent of the Incarnation in Madrid and the Church of the Royal Trust of Nuestra Señora del Buen Suceso, also in Madrid. Like the Royal Palaces and Mansions, these foundations range over a long period of time – from the 12th to the 18th century – and are therefore doubly significant: on the one hand with an historic significance that includes sociaeconomic, political and religious aspects and, on the other, with an artistic significance that they owe to the variety and antiquity of many of the pieces that go to make up the collections. For all these reasons we believe that it is right, proper and in the general interest to publish the present volume, which for some will be a revelation, for others an opportunity for still deeper study of all the places and corners of these beautiful buildings that constitute an important chapter in the history of Spanish art and culture.

If we analyze these foundations in general in accordance with the coordinates of time and space, we will find a variety of motives behind their creation ranging from strategic reasons in the time of Alfonso VIII to the more pious ones prevailing with Philip III, not to mention the symbolic significance of a powerful absolute monarchy, as exemplified in El Escorial.

The first of them all in time is that of Santa María la Real de Las Huelgas, less than a mile outside Burgos, which was founded by Alfonso VIII at the request of his wife, Eleanor of England, and with the consent of their daughters, the Infantas Berenguela and Urraca. In this spot the royal family of Castile had a private residence to which they used to come to relax and enjoy themselves, leaving the nearby city by the San Martín gate. Hence the place came to be known as Las Huelgas del Rey, or "King's Ease", as a result of which the convent in turn came to be popularly known as Las Huelgas Reales. It was inaugurated in 1186 by several Cistercian nuns from Tulebras, to whom the King granted the seigneury of several towns and villages, in addition to many exemptions from taxes and so forth. The convent was recognized by Pope Clement III in 1187 with a papal bull granting the nuns exemption from tithes and the protection of the Holy See. Recognized likewise by the general Cistercian order, it was appointed the mother house of all the order's convents in Castile and León. Alfonso VIII declared it the Royal Mausoleum of the Kings of Castile and in his will, in

1212, appointed the Abbess administrator and superior of the King's Hospital, which he had himself founded for the protection and care of the pilgrims who stopped at Burgos, already a prosperous and important city, on their way to Santiago de Compostela. With all these privileges the figure of the Abbess was exalted to a position higher than any other woman could possibly achieve either in the Church or in the lay world: she had the right to administer justice, to bless her nuns and to mint coins, and had the same functions as any bishop in spiritual and temporal affairs, together with the right to both crozier and mitre. And these enormous privileges were not abolished until 1874.

Being a Royal Mausoleum, the building was embellished with innumerable works of art, among the most important being, in the nave of the church, the twin sarcophagi of King Alfonso VIII and Queen Eleanor, as also the polychrome sepulchre of the Infante Fernando de la Cerda. I should also mention the valuable collection of Flemish works displayed in the chapter house and, above all, the collection of fine textiles, which includes two magnificent specimens: the cloth from the sepulchre of Fernando de la Cerda and the standard won from the Moorish leader Miramamolín at the battle of Las Navas de Tolosa. And all of these pieces are contained in a building the importance of which in the history of Spanish architecture is confirmed by the varied and numerous studies devoted to it by Spanish and foreign authorities in the field. Its outstanding features are the three naves of the church, the Chapter House, the Mudéjar plasterwork in the High Cloister and the splendid beauty of the smaller, Romanesque cloister, known as the "Claustrillas".

The second foundation, chronologically, is the one that stands in the little town of Tordesillas, built on a height overlooking the river Douro. It was created by Peter the Cruel of Castile, at the request of his wife, Blanche de Bourbon, and the Infantas Beatriz and Isabel. The public deed of foundation was executed in 1363 and was confirmed by Pope Urban V in a bull issued the same year. To inhabit it nuns of the order of the Poor Clares were chosen and endowed with privileges and property. This foundation is generally known as the Convent of Santa Clara though, as in the case of Las Huelgas, its official name is Santa María la Real de Tordesillas. Although it was originally intended to serve mainly as a mausoleum for Peter the Cruel's daughters, the course of Castilian history has led it to be identified for all time with the figure of that unfortunate Queen of Castile, Joan the Mad. The town in which it stands, however, had been of political importance since the signing of the Treaty of Tordesillas during the reign of Ferdinand and Isabella. Queen Joan established her household here in 1509, with the body of her dead husband, Philip the Handsome, and here she remained until her own death in 1554. Her son, the Emperor Charles V, visited her twice: the first time in 1517, on the occasion of his arrival in the Peninsula, and the second in 1522, after the war of the Castilian Communities and the visit paid to her by the communard leader Padilla in 1520. In 1555 the body of Philip the Handsome was transferred to the Royal Chapel in Granada, and that of his poor widow followed shortly afterwards.

Since that time the general evolution of the Spanish monarchy has led the name of this little town gradually to disappear from the chronicles of historic events: Madrid and the other Royal Residences were to attract the attention of the country's kings and queens to more lasting effect.

Nevertheless, Santa Clara still boasts some examples of art which speak eloquently of the great importance of this convent in its heyday, such as the Chapel, designed by Guillén de Rohan, and the Mudéjar rooms which house the collection of Gothic carvings, the pianos and the collection of Flemish paintings. Apart from this, Santa Clara is of considerable importance today on account of its archives and their notable collection of documents concerning the history of Castile, some of which are displayed in showcases.

The year 1554 saw the real beginning of the foundation of the Convent of Our Lady of the Assumption and Our Lady of Consolation in Madrid, which was to be occupied by Discalced Franciscan nuns of the First Rule of St Clare, usually known as the Royal Discalced Carmelites. This was a very personal initiative on the part of Joanna of Austria, the younger daughter of Charles V, the wife and later the widow of King John of Portugal, and the mother of the ill-starred King Sebastian of that country. When this royal lady first conceived the idea of the Convent, she was ruling Castile and Aragon personally, in the absence of her father and her brother, Philip II. The founding nuns, who were brought from Gandía, were lodged from the beginning in this noble mansion which Charles V had used as his palace in Madrid, and in which the founder herself had been born.

The exceptionally solemn ceremony of the formal inauguration took place in the year 1564 and the Convent soon became well-known as a place of retirement for ladies of the highest rank, whose endowments provided the basis for the social and artistic preponderance maintained by the foundation until the 19th century. There were several cases of ladies who entered the Convent but did not actually become nuns, such as the founder herself and her sister, Maria, Empress of Germany. Among those who did take the veil we find the Archduchess Margarita, who so heroically refused to be Philip II's fifth wife; Sister Catalina María de Este, daughter of the Prince of Modena; Sister Ana Dorotea de Austria, daughter of the Emperor Rudolph; Sister Mariana de la Cruz y Austria, daughter of the Infante and Cardinal Fernando; and Sister Margarita de la Cruz y Austria, daughter of Don Juan José de Austria.

As regards the collections and other artistic objects housed in the Convent, they may be said to form one of the richest and most interesting ensembles in Spain; and they have been preserved almost in their entirety thanks to the enormous efforts made in all the vicissitudes of the Convent's history. But one of the treasures that have not come down to us is an exceptional example of the most characteristic Spanish art in the tradition of Michelangelo: the altarpiece of the high altar, a work of architecture, painting and sculpture by the famous Gaspar Becerra, which was destroyed in a fire in 1862 and is known to us today only through the admirable drawing in the National Library.

In recent years the National Heritage has carried out a considerable amount of work in the way of strengthening the structure and adapting some of the principal rooms for use as a museum, some of the most important being: the room that holds the Rubens tapestry series of *The Apotheosis of the Eucharist*; the Reliquary Room, with innumerable pieces by the most famous Spanish and foreign silversmiths; the Upper Cloister, with its rich and varied chapels; the Chapter House, which contains sculptures by Mena and Fernández; and, finally, the Room of the Flemish Primitives and the Staircase. Between them all they constitute one of the most varied collections of art to be found anywhere.

Only three years after the foundation of the Convent of the Royal Discalced Carmelites, a deed was executed for the foundation and endowment of one of the most evident examples of the absolute power of King Philip II: the Monastery of San Lorenzo el Real, at El Escorial. Among the many, and well-known, motives that led the King to create the Monastery, his principal aim was to seek a worthy burial place for his father, the Emperor Charles V, for himself and for their descendants, and a place from which he could direct the destinies of his whole Empire and which he could also use as a spiritual retreat in his later years. Apart from these reasons, in the deed of foundation we find an intellectual aspect with which the founder also wished to provide his work: the institution of a college teaching literature and theology, where boys might be brought up and educated as in a seminary.

Philip created the Library on scientific lines, in which he was largely encouraged by the Spanish humanist Juan Paez de Castro, who had been at the Council of Trent and who gave the Library a notably progressive air. This Library is considered to be one of the most important in the world thanks to its collection of manuscripts, among which special mention should be made of the three thousand Arabic manuscripts, the codices and the illuminated manuscripts, such as *Las Cantigas de Alfonso X, el Sabio, El Códice Áureo, Las tablas de astronomia* and *El Libro de Ajedrez*, not to mention works representative of all the sciences and all the ages, which made El Escorial the first Universal Library of its age and a point of confluence for eastern and western culture. The care and conservation of the Monastery and College was entrusted to the Order of St Jerome, in memory of the devotion professed to that saint by Charles V and because it was then the most important of the religious orders in the Peninsula. In the second half of the 19th century the Hieronymites disappeared and the Monastery was to be governed by various authorities until 1885, when a contract was signed with the Calced Augustinians of the Philippine Missions, who took over the whole complex. Throughout the present century there has been a succession of renewing contracts, the latest one that signed in 1984.

Considering the sheer size and variety of the magnificent art collections in the various parts of this Monastery – the Basilica, the Mausoleum, the Cloisters, the Palace of the House of Austria, the Palace of the Bourbons and the gardens – it would clearly be impossible to enumerate and describe each of them in the limited space at my disposal. I will simply refer the reader, therefore, to the vast bibliography that exists on this subject, which has been much dealt with by Spanish and foreign specialists – though the results represent only a small part of the whole, as there is still an enormous amount of research to be done at all levels. I cannot conclude, however, without making some reference to the immense importance of the building itself in the history of architecture. In it some very intricate problems of composition are posed and resolved, so that its fundamental value is the triumph of pure architecture. Its beauty lies mainly in the good proportions and the excellent technique that so splendidly integrates the whole with the parts and the parts with the whole.

One of the last of these foundations to be endowed by royalty was, in 1611, the Royal Convent of Our Lady of the Incarnation in Madrid, very close to the Royal Palace, which was founded under the auspices of that most pious royal couple, Philip III and Margarita of Austria-Styria. The early death of the Queen, who had concerned herself personally with the early stages of the Convent, led Philip to do everything possible to bring her work to a successful conclusion. The Convent was completed in 1616, only five years after the first stone had been laid, and the festivities held to celebrate this happy event were perhaps the most magnificent seen in Madrid in the whole reign of Philip III. Unlike some of the other foundations, this Convent is of a markedly religious character, its tone having been set at the outset by its first mother superior, Mother Mariana de San José, and been maintained by the Order of Enclosed Augustinian nuns, who still occupy the Church, the Convent and the garden which constitute the whole complex.

The building, a well-known landmark in this elegant district of Madrid, shows the authoritative influence exerted by the Monastery of El Escorial on all Madrid architecture in the first half of the 17th century. The interior, originally rather severe and in the Doric order, was restored and altered in the 18th century by Ventura Rodríguez and a great number of neoclassical painters and sculptors, who produced altarpieces, canvases and statuary to adorn it between 1755 and 1767. The collections of art housed by the Convent cannot, of course, compare with those of the Royal Discalced Carmelites, but they are nonetheless interesting, including as they do a very select group of paintings of the 17th-century Madrid school and an extraordinary dado of Talavera tiles that lines the walls of the Cloister and, together with the remains extant in the convent of the Discalced Carmelites, provide us with some notable examples of the sort of wares produced by the potteries of the time. Perhaps the most important collection, however, is that housed in the Reliquary Room, which contains a great many chests or caskets, crosses and carvings done in the most varied materials, such as silver, ebony and ivory, and containing relics of different saints. One of the most noteworthy features of this room is the ceiling, painted by Vicente Carducho.

With these brief notes I have endeavoured to give some idea of the vast collection of works of art that forms an integral part of the Royal Trusts and gives us a very clear idea of the personal and intellectual calibre of their founders. It will be seen that we have a long task in front of us if we wish properly to preserve and maintain this vast cultural and artistic heritage for future generations.

Ramón Andrada
Managing Director of the National Heritage

There is no great difficulty involved today in crossing the threshold of a medieval monastery or exploring most of the interior of a 17th- or 18th-century convent. What with the ecclesiastical secularization in the last century and the opening of some of the enclosed orders of nuns in our own, by now anybody can discover the inner world of what were once places of seclusion, inaccessible on principle to all but professed religious. This was the position, at least, for the vast majority of those who visited the religious foundations. One needed special ecclesiastical authorization to be permitted to visit the various rooms, cloisters or gardens of the female orders. Only the nuns' doctor, a necessary master builder or an occasional art historian had access to the interior of those enclosed sisterhoods. In those days a nun with her face covered would guide the visitor through the maze of rooms and corridors, ringing a little bell as she went to give the other sisters or reverend mothers time to escape being seen by the intruder. Only on very rare occasions, at the end of a cloister gallery or whisking round a door jamb, did one glimpse the vague outline of a nun fleeing from the impertinent regard of the outside world. But the fortunate visitor was kept constantly on the move. The works of art adorning parlours, passages and staircases were mostly to be seen in passing. With a more generous allowance of time he might have strolled at leisure from one to another, enjoying each one all the more fully in the surrounding peace and silence; but only at a few of the most important was he allowed to linger for a moment. Wherever he went in the nuns'– communal rooms or workrooms, all so clean and airy, with their floors of well-scrubbed stone or tiles or immaculately waxed wood, he would find a marvellous sense of neatness and propriety, and much to delight his aesthetic sense in the charmingly dressed figures of the Child Jesus, the Neapolitan nativity scenes, the wax figures of Mary Magdalene with golden curls of natural hair in glass cases, the Madonna represented as a shepherdess or a pilgrim, the little mother-of-pearl caskets, the censers constructed of shells, the show cases containing a scapular or the hair shirt worn by a nun gone from this world in the odour of sanctity. If it was a very old foundation, the first thing to attract his attention and admiration would be the medieval jewellery: emeralds, ivories, complex pieces using different precious stones, all bravely glittering from forbidding shelves in dark corners. And accompanying these treasures or lining the walls of corridors or Chapter Houses there would be canvases with the imposing portraits of bygone abbesses or mothers superior: some severe, others authoritarian, with expressions of bitter restraint or studied amiability. And there would also be the solemn, official portraits of kings, queens or nobles, patrons of the foundation. But much more attractive might be the portrait of a pretty young nun who had taken the veil in the flower of her adolescence, on the very threshold of womanhood. Already in her veil, but crowned with flowers, she would remind the visitor of all the romantic ballads he had read or heard about child-nuns, those flowers growing in convent gardens who had a faint, subtle perfume that was all their own. His senses overcome by so much beauty, the musing visitor would fancy that he heard, from the nuns'– garden barely glimpsed from a window, the trilling of a lark or a nightingale. And in memory he would hear once again the thin, high voices of the cloistered nuns chanting the divine offices in their choir, behind a closely-latticed iron screen bristling with sharp protuberances, in the provincial town of his childhood.

The feeling of peace and solitude emanating from the archaic, the intimate seclusion and silence of ancient things, can prove really attractive to the inhabitants of our crowded modern cities. In a medieval monastery or a convent of the Baroque age we find a world in which we never know whether its fascination lies in our wonderment at its rule or system of leading an individual life within a community or, on the contrary, in our subconscious yearning for the sort of faith one needs to take the decision to submit entirely to such a universe, enclosed and entire in itself. In any case the position of anyone living in that world is the outcome of factors beyond our ken. Enclosed foundations certainly still exist, and there are both men and women who find in them their way of personal salvation. And though today the whole concept of enclosure has changed a great deal, as has religious life in general down through the centuries, it is nonetheless true that many of the essential forms of the rules are still in force.

Although solitude, penitence and prayer in seclusion from the temporal world are the principal objective of the contemplative orders, today they have been forced to become communities with economic "returns", so to speak, that can at least guarantee their subsistence. The female foundations, in particular, are often veritable craft workshops nowadays, little factories whose earnings serve to provide for the nuns' own material necessities. In suburban or rural convents and monasteries it is usually such activities as market gardening, poultry farming or beekeeping that best adapt to the traditional ideas as to the sort of work suitable for religious communities. In convents of this kind the nuns also make sweets, jams and jellies, as well as sewing, embroidery and making-up for the garment trade. In town convents the work tends to belong to the field of sumptuary arts, such as decorating ceramics. *Ora et labora* is the motto they all share. Hard physical work, as ennobled by Christ and his father, St Joseph, in the workshop in Nazareth, is not only necessary but also a source of virtue and joy. The spirit of diligence brings them close to the will of God. For the religious person the sanctification of his daily occupations is a way in which he can shed all material considerations and thus, after freeing himself from the merely circumstantial, connect all the better with the supernatural, with the invisible presence of the numinous.

In these religious houses time seems to have been abolished. Past and future are mere words, empty concepts without any real meaning. Today's average citizen hardly knows whether a monastery is something obsolete or still a valid concept. In front of the high, closed walls of a convent of nuns contained in a comparatively exiguous space in the very heart of a city, or the imposing bulk of El Escorial in the lofty sierras of Castile, the sensitive spectator receives an impression of timelessness and immutability, the sensation that he is watching the slow, unhurried passing of the centuries, entering a backwater of time in which mere outward events are silenced and history is no more than a dream of men anxious for power, bestirring themselves vainly in their search for a happiness that is only attainable for those who renounce the transient goods of this world. Monasticism, with its strict rules of life, is a fact that cannot be dismissed. The mental categories of those who have set up these "citadels", these celestial Jerusalems, still have the power to arouse the curiosity and interest of those who feel attracted by the idea of a closed, centripetal universe, forever revolving around itself.

MONARCHY AND MONASTICISM

Monarchy and monasticism in Spain were always bound together by very close ties. From the early Middle Ages, when the first great monasteries were created, down to the closing years of the last century, which saw the renovation of the old orders and the creation of new ones better suited to modern times, the Spanish crown protected and showed favour to the religious communities, and the latter in turn were always in agreement with the political wishes and intentions of their kings. The religious devotion of many Spanish queens, in particular, played a mediating role of the first importance. Spiritual life and temporal power, though advancing by different paths, nevertheless had common objectives. A shared enthusiasm for proselytizing moved the Monarchy and the Church alike.

The long struggle against the Moorish invaders during the Reconquest and the ideological war against Protestantism during the Counter-Reformation gave the religious history of Spain a very bellicose character. Infidels and heretics were the enemies of soldier and monk alike. Both in the Middle Ages and in more modern times the Spanish crown, playing the messianic role of indefatigable champion of Catholicism, zealously guarded the integrity and purity of Christian dogma in its realms. And the monasteries were firm, unwavering redoubts of that defensive action, spiritual fortresses on which the king could rely absolutely in questions of morals and doctrine.

In the Middle Ages, when the hard training men received on the battlefield tended to be reflected in equally violent customs in ordinary life, and the nobles and courtiers were constantly embroiled in civil and dynastic strife, the peace and quiet of the cloister must have represented a very desirable ideal of civilization. Veritable islands of meditation and silence, the monasteries presented a model of a higher life that was difficult of attainment in the secular world. After the fall of the Roman Empire with the barbarian invasions, learning and culture had taken refuge in the libraries and scriptoria of those monasteries, which were rich in manuscripts and the literary works of antiquity. Unhurriedly, the monks copied out classical texts and wrote their glosses on the Scriptures. All the science and philosophy of the ancients was preserved and transcribed by the patient, meticulous labour of those monks, whose days were devoted in equal parts to prayer, study and manual work. Monasteries built in the depths of the country, uninfluenced by any great castle or town in the neighbourhood, lived in almost total independence; they were a world apart, with laws and privileges of their own. Similarly, the convents of nuns devoted to the contemplative life constituted a wholly autonomous universe in which maidens consecrated to the Lord or well-born widows could find refuge from the dangers that might threaten them in the rough and even brutal life of the feudal age. Those formidable walls sheltered a life of the most exquisite modesty.

In the late Middle Ages the forms of religious life evolved in accordance with the changing times. The growth of existing cities and the foundation of new ones brought new customs and new kinds of social relationships. In addition to such established orders as the Benedictines and Cistercians, devoted to religious meditation far from any sort of urban life, there were now new ones founded for the specific purpose of combating the heresies originating in the most populous cities, where frequently a most heterogeneous rabble of inhabitants created entirely new situations which disquieted the political authorities. The powerful preaching of the Dominicans and the exemplary poverty of the Franciscans were products of an irreversible social transformation. And much the same might be said of the creation of other minor or mendicant orders, like the Augustinians or the Mercedarians – though as well as them, and because of a need for contemplative life, still more orders were founded, such as the Carmelites or the Hieronymites, which represented a renovation or, rather, a remodelling, of monastic life in accordance with the new spirit that was abroad as the feudal system approached its final crisis. And again the female orders sprung from these recently created orders of monks were to follow the guidelines established by the latter, though adapting them to the condition of women at the time, so that their role in society was confined to the practice of an exemplary virtue in their enclosed life, to the discreet work carried out behind those high convent walls.

An even more essential change was to be undergone by the Western World in the 16th century, with the advent of Luther and Protestantism. Spain, which was then at the apex of its political power, also reached new heights of religious fervour and played an all-important role in the fight against the new heresy as the main bulwark of the old faith. The Emperor Charles V and his son, Philip II, were to be the European monarchs who devoted themselves most wholeheartedly to the defence of the Catholic religion. We might even say that the Church of the Counter-Reformation depended mainly on the imperial policy of Spain. At the Council of Trent it was the Spanish prelates and theologians who dominated the proceedings, and the guidelines they laid down were those of extreme orthodoxy. For Spain threw herself into this ideological battle with all her energy; and even after the Reconquest the Spaniards had plenty of vitality, which found an outlet in the discovery and conquest of America, in Spain's various wars in Europe and in militant religious action. Before this the enemies had been the Muslim infidels and the Jews; now they were the Protestant heretics. St Ignatious of Loyola, creator of that veritable ideological army in the service of the Pope known as the Society of Jesus, and St Teresa of Avila, the great reformer of the Carmelites, give us an indication of the dynamism and spiritual exaltation of 16th-century Spain, as also of the new guidelines beginning to prevail in the religious life, which they restructured according to the new necessities. St Ignatius contributed to the secularization of the religious by requiring only simple vows and suppressing the choir services, which turned the community life into that of a college of activist propagators of the Catholic faith; and St Teresa, by imposing rigorous austerity and perpetual enclosure on nuns devoted to prayer and penance, helped to re-establish a strict order aimed at setting an example and combating the relaxation of customs that had been the norm in the convents since the end of the Middle Ages.

After this glorious imperial period came the decline of Spain. In the 17th century, after the repeated crises in the financial and economic spheres, and the defeats suffered by the famous Spanish infantry regiments, hitherto regarded as invincible, Spain began to withdraw into herself. At the same time as the decline in the country's wealth and armed force there came a weakening of men's moral fibre and a tendency to withdrawal in their spirits. The material crisis was succeeded by a moral one. But this did not mean any falling off in religious life, which for many became a spiritual sheet anchor, for men yearned for the protection afforded by the monasteries or for the spiritual comfort of shared beliefs. Dreaming of her bygone greatness, Spain now lived in a state of total self-absorption. Perhaps on this account, despite the economic difficulties suffered by many of the existing communities and the unequivocal ban on the creation of new monasteries, new foundations nevertheless continued to appear. There was also, as has been so rightly pointed out by Antonio Domínguez Ortiz, the phenomenon of urban concentration. The old communities emigrated from the small towns to instal themselves in the large ones. Madrid, Barcelona, Saragossa, Valencia, Seville, Santiago de Compostela and other capitals of the "kingdoms" or provinces of the time became poles of attraction for all the religious orders. And inside these various cities there was at the same time a certain centripetal tendency; that is to say that all these foundations, whether monasteries or convents, tended to move from the outskirts or suburbs to the centre of the town, where their church could be visited by greater numbers of the faithful and could contribute to the splendour of the faith with sumptuous religious ceremonies – an understandable phenomenon in an age when external ostentation was used to compensate for the harsh, precarious conditions of everyday life. This dense concentration of religious houses was to lead historians to coin the term "convent-cities" to describe the larger Spanish towns of the Baroque age.

ROYAL PATRONAGE

Over since the Middle Ages the kings of Spain had protected the monasteries as if they were their own. Indeed some of the most important – such as Las Huelgas in Burgos, Santa Clara in Tordesillas, San Jerónimo el Real in Madrid, San Juan de Los Reyes in Toledo or, of course, El Escorial – were royal foundations. This patronage of the monarchs was deeply rooted in the theocratic concept of the monarchy as a power emanating from the divinity and in the sacred character of monastic life. It was also a great advantage for the king and his family to have these fully-equipped and efficiently-run places for them to rest and take their ease in peaceful, virtuous surroundings. The medieval monasteries – absolutely functional buildings, with their different public and private departments, so to speak, such as the Hospice, the cloister, the various workshops and other sections like the carpentry or the farm – were complex units, veritable citadels, a sort of independent fortresses isolated from the outer world, far from the business, bustle and vicissitudes of the cities. Having all the necessary means of production, the monasteries could provide everything they needed for themselves. And with this reserved, autonomous, self-sufficient character they constituted a world apart, with a life revolving around its own centre.

In an age of permanent political instability, internecine strife, factions, plundering forays and punitive expeditions, the monasteries were like landlocked bays of placid waters, secure against all storms. Within their walls in principle there was no place for the quarrels of courtiers or the secular world; there all passions and power intrigues were checked, all ambition curbed. There, too, the most violent or conflictive events could be reduced to essentials and thus be seen from a sufficient distance to ensure objective judgment. And so the king, after long reflection during his stay in the cloisters, could take his decisions after proper meditation.

PLACES OF REST AND RETIREMENT

With their functional, rational distribution of rooms, their more than adequate equipment and their practical furniture, the monasteries offered greater comforts and advantages than the castles. For kings and great nobles whose lives were often spent in a state of constant war, the peace of the monastery must have seemed very attractive. Whenever it was at all possible the king and his family, like many a knight errant, would gladly seek the hospitality of the cloisters. Both in Spain and in the rest of Europe throughout the Middle Ages, the kings and great nobles often spent quite long periods in the monasteries under their patronage. The considerable help and protection that they gave to these foundations always had a solid basis of self-interest. The whole system, in fact, was very well regulated.

Forced in their constant moves from one place to another to travel with large retinues in heavy, slowly-moving processions, in a monastery the kings would find relief from the fatigue of rough roads over steep mountain passes or across arid, uninhabited plains. Chueca Goitia has described the monasteries as pleasant "hostelries" at which the traveller was assured of food and rest. Welcomed within the sacred walls, he would find joy there and virtuous ease under the divine protection.

Throughout the Middle Ages, the court of the Castilian kings was a nomadic institution, since no one city was the fixed, permanent seat of the Crown. This impermanence as to place entailed a like impermanence as to dwellings. Perhaps it is on that account that in Castile, in contradistinction to the other kingdoms of Spain and Europe, there were no true royal palaces. Hence Chueca Goitia, in his magnificent study on the "Royal Houses in Spanish Monasteries", has pointed out that all the energies of the Castilian monarchs were directed "into other channels, undoubtedly thinking that in this way they joined the prestige of art and monumentality to the more solid and enduring prestige of religion". The idea that only God is eternal, and that immortality can be acquired only by those who seek the protection of the divinity, was evidently a determinant factor. Alfonso VIII at Las Huelgas, Charles V at Yuste, Philip II at El Escorial: each of these kings found in a monastery the permanent home he preferred. And the palaces built within the monastery walls were not mere enlargements or annexes added on to the buildings of the monks themselves. Blending imperceptibly into the cloister, they formed an integrating part of the whole – like the king himself, indeed, who enjoyed as his own property the garden and the grounds, the library and the shrines, as well as participating in the solemn, sumptuous ceremonies of the Catholic liturgy.

While the royal palaces or the suites for noblemen were thus built within the monasteries, many of the latter were in fact themselves built in old mansions donated for the purpose by their owners. The foundations of Santa Clara in Tordesillas and the Royal Discalced Carmelites in Madrid are just two examples of communities installed in buildings that had until then been palaces, shooting boxes and similar establishments. What had once been the sumptuous settings for all sorts of riotous gaiety were purified and turned into places of spiritual withdrawal and penitence. The openly expressed intention of their donors was on most occasions the desire to wash away the stain of old offences, i.e., to be forgiven for their sins and former life of dissolution. To some extent, too, there was the wish to provide the monks or nuns with a residence suitable to their condition, which on the social scales then prevailing was regarded as the highest of all in the spiritual aspect.

ROYAL MAUSOLEUMS

For the medieval monarchs, and also for many of their nobles, the pleasure they found in partaking of the ecclesiastical life was heightened by the idea of using the monastery as their place of burial. In their patronage, indeed, there was always the implicit intention of prolonging the virtuous life into the hereafter, so that the monastery was intended to serve as both their earthly and their eternal abode. In León and Castile – as also in Catalonia (Poblet and Santes Creus) or in the rest of Europe (St-Denis in France, Westminster in England) – one of the functions of at least one great monastery in the kingdom was the installation in its church of the Royal Mausoleums. In this way the sovereigns not only succeeded in perpetuating their memory, after the fashion of the Pharaohs, in sumptuous sepulchres surrounded by great architectural pomp, but also assured themselves of an efficient funeral service that included the actual obsequies, the masses for the dead, the requiem prayers and the anniversaries. Their tombs were carefully tended and prayers were said before them day and night. Thus the unbroken line in this world was continued into eternity and the king at once consolidated his image of virtue and established it for all time. Identified with the sense of withdrawal and penitence that characterized the monastery, the king in this way remained symbolized, so to speak, as a monk-king or a priest-king. Philip II, that Solomon of the modern age, succeeded in crystallizing this idea in adamantine fashion at El Escorial. The sacral sense of royalty could hardly attain to a more elevated and permanent symbolization.

THE HIERONYMITE MONKS AND THE ROYAL POWER

Of all the orders of monks that were more or less closely linked to the Spanish crown, the one that undoubtedly achieved the greatest prominence and royal favour in the modern age was that of the Hieronymites. These monks with their white habits, tunics and scapulars, and their dun-coloured cloaks and hoods, living a semihermitical life of aristocratic seclusion, attracted the attention of several Spanish kings, who were generous with gifts and endowments for their monasteries. And with their fidelity and loyalty to the crown the monks returned the lavish royal favours with interest. The monastery of Guadalupe in Cáceres, with its strong South American connections, and those of Yuste and El Escorial, the retreats of Charles V and Philip II respectively, are sufficient indication of the royal preference for the Hieronymites above the other religious orders. We should not forget the significant fact that in the very first days of the discovery of America the Spanish monarchs chose the Hieronymites to be the evangelizers of the New World though later, in fact, for statistical reasons it was the mendicant orders that had to undertake this arduous and wearisome task.

The first monastery of Hieronymite monks in Spain was that of Lupiana in the province of Toledo, built on the banks of the Tagus not far from Guisando, with its famous prehistoric stone bulls. The mother house of the order, the numbers of whose members were to be increased with the flight of many nobles from the court of King Pedro the Cruel, soon branched out into other monasteries, like the famous San Jerónimo el Real in Madrid, and by the end of the Middle Ages the Hieronymites had erected many fine Gothic buildings, with delicate tracery, elegant crenellations and beautiful cloisters in the Flamboyant style.

The Hieronymites soon became the Spanish religious order *par excellence* and the Spanish kings, obsessed as they were with the deification of their power, found in these monks the support they needed for their theocratic concept of monarchy. The Spanish crown, indeed, with the idea of grandeur always to the fore, was to raise the order of the Hieronymites to the highest rank in its ritual observances. And these penitent monks, who were supposed to imitate the life of St Jerome in the desert of Calcis, attained the maximum in royal favour when Philip II built El Escorial, that great foundation that combines the functions of a church, a monastery, a palace and a royal mausoleum. The Jesuits had petitioned to be allowed to maintain, enjoy and pass on this new foundation, but they found themselves passed over in favour of the Hieronymites, who had more in common with Philip's intentions. For the eremitism of the Hieronymites represented the oldest of all monastic traditions. At El Escorial, however, their principal role was that of courtier-officiants and servants of King Philip II, who, just like one of the Byzantine emperors, acted as chief of the clergy and subjected to his hierarchy a religious order entirely consecrated to worship and liturgy. And thus El Escorial, that supreme architectural symbol, attained to total fulfilment by becoming a majestic stage, a theatre of the sacred.

THE FEMALE ORDERS

The practice of consecrating young maidens to God, of which the veil is the outward sign, has existed in principle since the 2nd century. In Spain this *velatio* appeared rather later than in Africa and Gaul. A special blessing from the pontiff was conferred on both maidens and widows who thus consecrated themselves to religion. The former were intended for the contemplative life, while the latter, who devoted themselves to distributing alms and exercising a charitable hospitality, had a more active role. These ladies very soon began to wear habits and to live in communities. It was for Marcellina, one of the first nuns known to history, that St Ambrose wrote his treatise *De Virginitate*. And it was also for a nun – Eustochia, the daughter of St Paula, whom he helped to found two convents in Bethlehem – that St Jerome wrote his famous letters on the subject of virginity. Today St Eustochia is the patron of novices. And still today that aroma as of a secret garden of virtue that characterized those early convents is like a lamp or a paschal candle burning alone before the altar and lighting the path of renunciation on which a nun sets out when she takes the veil.

The early 4th century saw the apparition of the first monastic rules, as established by St Basil and St Pacomius; but it was in the following century that St Jerome, St Augustine and St Benedict provided enduring norms for the structures of community life. And the communities of monks were soon followed by those for nuns, which sheltered the flowering of the virtues of such pious women as St Benedict's sister, St Scholastica, or of widowed or repudiated queens like Radegonde of Poitiers, Jeanne de Bourges or Birgit of Sweden. The nuns took vows of chastity, poverty and obedience, renounced all personal property and undertook to live in a community under the authority of a mother superior; to these rules was added, as a security measure at the time of the barbarian invasions, the enclosure of the nuns. But this separation of religious communities from the outside world did not become absolute doctrine until Pope Boniface VIII promulgated the decretal *Periculosi* in 1290; and throughout the Middle Ages it gradually became more and more relaxed, until the advent of the Counter-Reformation and with it the Council of Trent, which insisted that it be rigorously complied with once more.

Of the many religious orders connected with the Spanish crown, I should mention first of all the Cistercians, founded in the 12th century by St Bernard, abbot of Clairvaux. With a spirit that was at once magnanimous and impassioned, St Bernard had a considerable influence on his time. Intent on establishing unity and harmony among the Christian princes, he was one of the promoters of the Crusades for reconquering the Holy Land from the Moors. In art he favoured a wholly new architecture, unornamented and functional. His diatribes against the decorative luxury of the Benedictine churches and his use of ribbed arches make St Bernard one of those who contributed most forcefully to the apparition of the Gothic style. In Spain his order quickly won royal favour and it was not long before it gained preponderance over all the others. St Bernard, who had always extolled the virtues of manual work and tilling the earth, insisted that his monks should be pioneers and establish new frontiers. With the support of the crown, the wealth and power of the Cistercian order soon increased and multiplied in the form of new foundations all over Spain. Among the first convents of Cistercian nuns, which included those at Gradafés (León), Vallbona de les Monges (Lérida) and Tulebras (Navarra), we should make special mention of that of Las Huelgas, in Burgos, which was to become the most renowned of all on account of its far-reaching privileges, its enormous income, its considerable artistic heritage and the magnificence of its architecture.

Another order of nuns that must be regarded as being of the first importance is that of the Poor Clares (the *Clarisas*, as they are called in Spain), founded by St Francis of Assisi in 1212 when he conferred the veil on St Clare Favorene and her sister, St Agnes. In Spain, which was the first country in Europe after Italy to have convents of this new order, forty-nine houses of Poor Clares were founded in the 13th century and twenty-three more in the 14th. And the rate of these new establishments continued to rise for two centuries. In the 15th century another forty-eight were founded and in the 16th, which saw the real heyday of the order, eighty-three. And even in the 17th century, despite the general economic decline of the country, a further sixty-six convents were added to the order's strength here. In the 18th century – the Age of Enlightenment – there was a downward curve, perhaps because there were not so many girls with vocations or because parents did not dare to oblige their daughters to enter enclosed orders, and only seven new houses were established. But in the 19th century the Poor Clares in Spain, like several other orders of nuns, regained a certain vitality and founded eleven new convents. In the present century, too, there has been a certain reflowering, with the foundation of eleven houses. And these figures, of course, do not include Spanish America, where the Poor Clares, like many other orders of nuns, found a fertile field for the development and expansion of their labours during the 17th and 18th centuries. Today Spain is still a favourite country for this order, which has at the moment over three hundred convents here.

Poverty and austerity have always been the norm for the Poor Clares. Indeed, the spirit of St Francis was maintained with greater purity in their convents than in the monasteries of the Grey Friars. However, since a great many of these convents were installed in what had once been palaces or mansions of the nobility, their enclosures often seem an odd mixture of an austere way of life and artistic sumptuousness. The contrast between the nuns' scanty furnishings and the architectural richness of some of their rooms is very noticeable, and even more so in the case of convents enjoying royal patronage, which frequently possess admirable collections of works by great artists. For we must not forget that the kings and queens of Spain regarded such convents as palaces of their own. *Real Casa*, or "Royal House", is the term used by Méndez de Silva to describe the convent of the Royal Discalced Carmelites in Madrid, chosen for her retirement by Charles V's daughter, the Empress Maria, as being a mansion "worthy to be the instrument of her glories and the resting-place of her Imperial remains". The children of the royal family were often lodged at this convent, on occasions such as Philip II's journey to Portugal, for instance, while the Spanish queens and their daughters used to retire there during periods of mourning, or simply whenever they wanted a rest from court life. And on the death of Philip III's wife, Margarita of Austria, the king sent his children there to be brought up by Sister Margarita – who was in fact his own first cousin, the Archduchess Margarita of Austria. But there were also days of gaiety and pleasure in the convents, as on the occasion when Philip III and his wife were staying at this same Carmelite foundation on a visit from Valladolid, which was then the residence of the court, and plays were performed there one evening for their entertainment.

Both the medieval communities and those of the Baroque age were reproductions in the cloister of life in the secular world. In them there were the same social classes and individual differences, despite all the rules of communal life. Within their enclosure nuns of rich, noble families could have numerous servants and even slaves, who were usually black. They were also permitted to decorate and furnish their private cells, some of which were transformed into veritable suites, which might contain a sitting-room, a kitchen and a bedroom for the maid. To put an end to such abuses, typical of "a spirit of costly competitiveness, far removed from the modesty and equality that should be observed" by the brides of Christ, there were petitions to parliaments and condemnations by moralists. There were, of course, some nuns – like the above-mentioned Archduchess Margarita – who set an example of humility and piety by living in the most absolute poverty and obedience to the rule. And it is only fair to point out that, despite the relaxation in some of the religious orders, late 16th-century Spain also saw the rise of the "shoeless" movement, inspired in strict observance, which was initiated in Italy by St Bernardino of Siena and was to culminate in the creation of the Capuchin order. In this country St Teresa of Avila and St Peter of Alcántara were to be the great promoters of the "shoeless" (discalced) reform, which spread from the Carmelites and the Franciscans to other orders, like the Discalced (or Recollet) Augustinians, the Trinitarians and the Mercedarians. One result of all this was the inauguration of a new and more austere style of religious architecture, notable for its lack of ornamentation and the simple severity of the convent façades and interiors.

Ever since the Middle Ages the Spanish kings had pampered their convents of nuns like favourite daughters. Being of capital importance to the stability of the royal family's private life, these convents were given substantial benefits and donations. For one of their most useful functions consisted in solving the problem of what to do with a perennial surplus of princesses. For royal widows, former queens or unmarriageable infantas, as also for the illegitimate daughters of royalty, there could not be a better place of retirement and establishment. In accordance with their category and rank in society, in the convents they would find the virtuous environment considered indispensable at that time. Respected and properly attended, they had an assured existence there, far from the lurking perils of the world or the vicissitudes of fortune.

With the exception of a few royal ladies, like Doña Beatriz – eldest daughter of Peter the Cruel and María de Padilla – or the archduchess Margarita, who actually preferred the cloister to the court, most nuns of royal blood were either forced to enter convents or had been shut up in them from earliest childhood. A typical case is that of Blanca of Portugal, a princess who had led a rather stormy life until her uncle, Sancho III ("Sancho the Brave"), ordered her to become a nun in Las Huelgas. Blanca, who had aroused considerable gossip and criticism on the score of her secret amours with a certain gentleman, whom she had even presented with a son, had to submit to the royal command, which enjoined her to "quieten her ways and her life in order" and in this way to perform what "until now she refused to do".

Madame d'Aulnoy, in her famous *Voyage en Espagne* describing her travels in this country during the reign of Carlos II, when speaking of the Royal Discalced Carmelites tells us that "to their seclusion also come the King's mistresses, single or widowed, who enter the religious life perforce when the King abandons them". In the pages dealing with the convent of Las Huelgas, in Burgos, the same writer gives us a vivid picture of convent life in the 17th century as it was described to her by an Andalusian lady, the Marquesa de los Ríos. She also mentions Sister Margarita de la Cruz y Austria, the granddaughter of the painter Ribera and natural daughter of Don John Joseph of Austria, a nun who had lived shut up in Las Huelgas from birth. The other Don John of Austria, the hero of the battle of Lepanto, had a natural daughter called Juana who in 1610 was designated perpetual abbess of Las Huelgas. As for the Royal Discalced Carmelites in Madrid, the nuns there included Sister Ana Dorotea de Austria, natural daughter of the Emperor Rudolph II, and Sister Mariana de la Cruz y Austria, natural daughter of the Infante Fernando, who was then the Cardinal Archbishop of Toledo and the Governor of the Netherlands.

The Convent of the Incarnation in Madrid, according to the contemporary historian Novoa, had been founded by Queen Margarita (wife of Philip III) "with the intention of placing there any daughters of the servants of her household who for want of a dowry might not be able to avail themselves of this remedy", but that "nevertheless the venality and hypocrisy of certain ecclesiastical persons serving in the Palace, whose robes concealed more ambition than virtue [...], led them to advise her not to admit any maiden who was not the daughter of a great lord". The mother superior here at one time was a natural daughter of Philip IV, Sister Margarita de San José. Entering the convent when she was only twelve years old, she died at the early age of twenty-seven. Her father, who was extremely fond of her, had caused her taking of the veil to be a magnificent social event.

Convents with royal palaces or royal palaces turned into convents, these buildings for the retired life founded by kings were first and foremost court convents. Their architecture, inside and out, was provided with everything they needed for carrying out their high regal functions. Though similar to other convents, they bear an unmistakable stamp that sets them apart. A discreet, austere elegance gives them an aspect of majestic gravity.

PARVISES, COVERED PASSAGES

In all religious houses under royal patronage we find evident signs of their high rank and regal functions. There is the royal gallery, for instance, connected with the royal rooms and apartments but actually placed in the church, from which the king and his family may attend the religious services, usually with an excellent view of the High Altar. This latter, of course, is always as it were the cynosure of the church, the public area in which we also find the grille of the choir, whether high or low, of the nuns or the choir without any grill at all used by the monks, as the case may be. An essential element in every convent is the choir, that space intended to be a place of communal prayer, of worship and meditation for the whole community. With its stalls, its carved and painted images, its little altars and its organ, it is almost the principal room in the foundation, the best furnished from the religious point of view and the one in which the greatest number of hours are spent together by the "choir mothers", that is to say the professed nuns. In fact the choir is only rivalled in status by the Chapel or Room of Relics, which is in the enclosed part of the convent and contains uncorrupted limbs, locks of hair, bones, human ashes, liquefied remains, pieces of wood and textile materials of the most widely-varied provenance. The wealth of relics to be found in royal convents is really extraordinary, not only on account of the origin or importance of the saints concerned, but also because of the reliquaries, caskets, urns, stands, etc., used for containing or displaying the remains of those saints. Pieces which the king sometimes caused to be brought from very distant places, and to obtain which he had to mobilize diplomatic embassies and the greatest political influence, the relics in the monasteries or convents were regarded as precious property which the community guarded jealously and which the king used, not only as objects of veneration but also as alleviators or remedies for illnesses, whether his own or those of his nearest and dearest.

The richness of the liturgical furnishings is another distinctive sign of the royal foundations. In the case of Las Huelgas, for instance, the stuffs used for lining coffins or for making up the sumptuous ceremonious garments that served as shrouds are a veritable treasury for any student of oriental textiles. With banners won from the enemy and rich stuffs that came through Muslim Spain, the Christians made up chasubles, wrapped precious relics or lined boxes and coffins. Used for such ornamental purposes, these materials acquired an enhanced importance. Tapestries, too, which had been used since the Middle Ages to cover the cold, bare rooms of the palaces installed in monasteries, took on an added value as part of the cult of the divinity from their use in the liturgy. A tapestry series like the *Apotheosis of the Eucharist* by Peter Paul Rubens, which the Infanta Isabel Clara Eugenia, Governor of the Netherlands, gave to the convent of the Discalced Carmelites in Madrid, was not only a splendid present but also an offering of great symbolic value. Seen and enjoyed by the community and by all those who annually thronged the public cloister of the convent for the Corpus Christi procession, this series served both as a lesson in the Church's dogma and a work of art worthy of attention for its splendid beauty.

ARTISTIC STYLE AND MONASTIC ARCHITECTURE

To attempt a stylistic synthesis of the religious houses under royal patronage would be an almost impossible task. Every age marks the art of the builders, the architectural style of buildings that range chronologically from the medieval to the Renaissance and the Baroque. As in the general development of Spanish art, however, one may trace the main lines in the evolution of its forms.

In the medieval houses, such as Las Huelgas in Burgos and Santa Clara in Tordesillas, together with the Gothic style we find the Mudéjar, that style so characteristic of countries like Spain which, from the invasion of the Moors until their expulsion, underwent the influence of Saracen art. I cannot do better than quote Leopoldo Torres Balbás, that great historian of medieval architecture, to explain the flowering of a taste that determined not only architectural forms but also fashions in dress. He tells us that "the period when Mudejarism in art was at its most intense goes from the end of the 12th century until the coming to power of the Trastámara dynasty in the second half of the 14th, i.e. from Alfonso VIII to Peter I, this latter being a wholly oriental king, who was on friendly terms with both Moors and Jews. During his reign the Peninsula received hardly any renewing influences in Gothic art, the expansive force of which was totally exhausted. This was the age when, through the renewed influence of the Islamic palaces (for it all began in the time of Alfonso VIII), the Castilian kings and great lords, who had until then lived in poor, comfortless castles or houses, were stimulated by the luxury and refinement of Islamic Andalusia and, following the example of Alfonso XI and Peter I at Tordesillas and Seville respectively, built themselves palaces and mansions in the Granada style. Even the kings of Aragon and Catalonia, accustomed by the influence of the prosperous Italians of the time to richer buildings and living standards than the Castilians, commissioned some of these artists to build and decorate their residences".

201

So we have East and West mingled or separate, but together, side by side. This was what Spain was like in the Middle Ages. The sumptuous architecture of Moorish palaces for Christian kings and princes, houses built for ease and pleasure which were the background for music, dancing and love affairs – but which were later to become convents or monasteries, places of silence in which penitence and meditation reigned supreme. Two worlds which, though totally disparate, were at the same time complementary. Spain was then the golden door between Europe and Africa, between art coming from the Frankish and Germanic countries and that of the remote lands of Arabia: the meeting-place of two civilizations. For romantically-inclined foreigners in the last century a visit to Spain was a truly exotic experience. Even as far north as Burgos, in Old Castile, they thought they were finding the Orient, in poetic dreams sprung from the imagination that bred so feverishly in the misty north. The Mudéjar chapels and old palace rooms, in the enclosed parts which they were not allowed to see, were in their very secrecy a presage of the south, of all the fantastic, exotic beauty of Muslim art. If they had been able to see those apartments, their imagination would surely have flown to even greater heights.

With El Escorial Spanish architecture acquired a rigorous asceticism unmatched anywhere else in Europe. After the Plateresque opulence of the Spanish Renaissance came what we might call Tridentine art in the shape of this new Temple of Solomon built by Philip II. El Escorial is the stylistic paradigm of the Counter-Reformation. Beside it the convents of the Discalced Carmelites and the Incarnation in Madrid are at once singular and complementary examples of a Spain that was the great champion of Catholicism, of devotional forms translated into architectural terms in the grave, austere style associated with the great Juan de Herrera, which preceded the florid exuberance of the Baroque. Such was the stylistic cycle of an art that went from a maximum of emphatic overornamentation to an extreme of bareness and simplicity, after which it returned to that recurrent refrain that defines a whole way of understanding art and life: a bipolarity of attitudes, all or nothing.

LAS HUELGAS

Less than a mile from Burgos, that *Caput Castellae* which was the city of the Cid and Fernán González, we find the Cistercian convent of Las Huelgas Reales, which ancient authors held to be the most illustrious of its order in the whole of Christendom. Though it now really forms part of the city of Burgos, at the beginning of this century the convent was still completely isolated in the middle of the fields, enclosed within its walled precinct like a little fortified city. With its royal palaces, its houses and outbuildings, the little squares or parvises known as *compases* (one of them, the *Compás de Alfonso XI*, inside the convent proper; the other outside, where markets were held), this convent was a veritable citadel ruled over by the abbess, a true feudal magnate whose extensive jurisdiction and very substantial income from land made her an authority of immense power. Indeed, the abbess of Las Huelgas, who was appointed for life, with the right to a mitre and a crozier, and with exemptions and her own curia, had powers similar to those of a bishop. And her spiritual and temporal privileges *a nullius* were not abolished, by a papal bull, until 1873. For many centuries before that the abbess of Las Huelgas had been the absolute mistress of that very rich foundation with all its possessions. This position was reserved for ladies of noble ancestry, who governed the convent with a firm hand. Besides the numerous estates belonging to the convent, the abbess governed the King's Hospital – not far from the convent, beside the leafy grove of El Parral, one of the pleasantest spots along the banks of the Arlanzón – which had been built to house pilgrims on their way to Santiago de Compostela. This enormous Renaissance building, now abandoned, was one of the institutions most assiduously visited by those who followed the pilgrim's way. With the nearby hermitage and cemetery of

St Amer, that devout French pilgrim who gave up everything he had to look after other pilgrims, this Hospital forms an ensemble of monuments of great beauty and importance.

The site of the convent, on the banks of the river Arlanzón, is so very fertile that the name Las Huelgas (a now rather unusual meaning of which is "ease" or "enjoyment") comes from the abundant pasturage that permits an easy, peaceful fattening of livestock. As late as 1918, indeed, the poet Federico García Lorca visited the convent and saw in the immediate surroundings "milch cows passing with their bells tinkling in the devout quiet of the evening". And even today the delightful countryside around Las Huelgas evokes a medieval world of noble gravity mingling with the simplicity of Castilian peasant life.

Founded by King Alfonso VIII of Castile, who won the battle of Las Navas de Tolosa, and by his wife, the English princess Eleanor, in 1187 the convent of Las Huelgas was already endowed and inhabited by Cistercian nuns. According to Archbishop Rodrigo Ximénez de la Rada, this "monastery of ladies" was founded "by the many and the great establishment of the very noble queen Donna Leonor". It appears, in fact, that the convent was mainly built as an act of atonement by King Alfonso for his great sins against God and the queen. In his youth he had committed a crime passionel and in Toledo he had lived under the spell of a Jewess, who ended her days as the propitiatory victim of some of his obliging courtiers. In repentance, then, he offered his wife this convent, in which he installed not only his palace but also his family mausoleum. In the three naves of the church of Las Huelgas, completed in 1279, besides the tombs of Alfonso and Eleanor we find those of their daughter Berenguela, mother of Fernando III (St Fernando); the ill-fated King Henry I, Alfonso VIII's son, who was killed by a blow from a stone and whose skull was trepanned in a curious surgical operation; the Infante de la Cerda, Alfonso X's eldest son; another thirty members of the royal family, infantes and infantas, and some nuns belonging to the convent. These tombs are part of the history of Spain at a time when the wars between the different kingdoms and the long war of reconquest against the Moors were going on simultaneously. Manuel Gómez Moreno, who opened the sepulchres to recover the rich shrouds and jewels still hoarded in them after the pillage of the French troops stationed in the convent during the Napoleonic invasion, sums up this period as a moment of splendour and united reaction against Islam, after the petty selfishness of the 12th century and the bitterness of the tragedies that marked the lives of so many of these medieval monarchs, ever dominated by their human passions.

Until only a few years ago the convent of Las Huelgas was closed to visitors, who could see only its exterior, with the beautiful side porch and the transept of the church, on to which gave the grille of the choir through which one could glimpse the tombs of the founders. Only the king had the right, once a year, to enter the enclosure, in which today the public can visit the greater part around the cloisters: the larger one, which is Gothic, and the smaller, known as "*Las Claustrillas*", which is in the Romanesque style of the reign of Alfonso VIII.

The visit to the convent, as made by tourists today, begins at the chancel of the church. Built in the French Gothic style of the early 13th century, with the Cloister of St Fernando and the Chapter House it forms an ensemble that for elegance and perfection is comparable only to the chancel of the Cathedral of Cuenca, the tower of the Cathedral of Toledo and the refectory of the monastery of Santa María de Huerta, in the province of Soria. In this apse and part of the transept, which was always open to the public, at the foot of the great Baroque altarpiece over the high altar, with its gigantic wreathed columns, we find the choir of the convent chaplains. With its great organ, this choir, which has no fewer than twenty-six stalls, shows us what an abundance of priests the convent had at its disposal for the divine services. Apart from the pictures and sumptuous tapestries lining the walls of the transept, what principally draws one's attention is the revolving iron pulpit, for preaching either to the public or to the community, which is beside the grille of the nuns' choir, and the mural painting of the battle of Las Navas de Tolosa, painted towards the end of the 16th century to commemorate that great victory of Alfonso VIII against the Moors.

On entering the enclosed part of the church, we come to the impressive sight of the Royal Mausoleum. In the nave on the Gospel side, which is called St Catherine's Nave, there are tombs half-embedded in the walls, under projections, like that of the Infante Fernando de la Cerda, or freestanding stone sarcophagi with gabled covers, most of them quite smooth since the paintings that decorated them have long since vanished. They are all supported on carved blocks or corbels, so that they constitute – as is the custom with royalty – an impressive ensemble of unburied bodies.

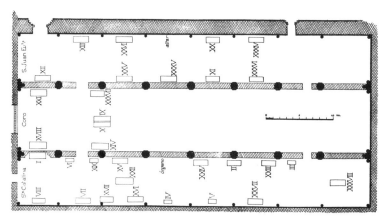

Naves de la iglesia de las Huelgas, con sus sepulcros.

The central nave is occupied by the nuns' choir, which is the richest and best furnished part of the whole. It is really like an ecclesiastical drawing-room, with a huge set of choir stalls and a magnificent organ. On the wall closed off by the grille with the corresponding altars hang splendid tapestries with representations of Roman emperors. A pathetic and rather theatrical Gothic sculptural group of the Descent from the Cross presides over the prayers of the nuns, who have the twin sarcophagi of Alfonso VIII and Queen Eleanor in the middle of their choir. Thus the prayers for the royal couple were constant, day and night, from the moment of death. On both sides of the choir there are other tombs: that of Blanca of Portugal; that of Queen Berenguela, mother of St Fernando; that of the Infanta Berenguela, his daughter; and that of Margarita of Savoy (or of Austria), Duchess of Mantua. In the retrochoir, with its Mannerist grille, we find the tomb of Doña Ana de Austria, daughter of Don John of Austria and perpetual abbess of the convent.

After traversing St John's Nave, on the Epistle side, which also contains several tombs of infantas, almost all of them nuns of the convent, we come to the larger cloister, that of St Fernando, which brings us to the Chapter House and the Museum, which houses the materials and jewels taken from the tombs and studied by Gómez Moreno in 1942. This is a really impressive museum and the most important of its kind in Spain. Particularly rich in Moorish and oriental stuffs, some of them woven in Moorish Andalusia and others in Castilian workshops by Muslim weavers, it offers a fine display of the twills, taffetas, sendals, veilings and fine cordovan leathers that were used for lining the coffins or dressing the corpses. In the showcases we may see the gala and ceremonial suits, and even the shoes and underwear, that shrouded the dead royal personages, though Napoleon's soldiers stripped them of their jewels. The tomb of the Infante Fernando de la Cerda, however, which was fortunately left intact, provided the museum with its most extraordinary exhibits. In full ceremonial dress, this firstborn son of Alfonso the Wise, who did not live to be King, was quite untouched, his arms folded over his breast and with his ceremonial cap, belt, sword, ring and spurs all in place. Thanks to this we now know how a Spanish crown prince was buried. The mummified bodies of the nuns were even found to be provided with metal pins to keep their wimples in place. Apart from these materials rescued from death, so to speak, I should mention that of the standard taken from the enemy at the battle of Las Navas de Tolosa, that battle that was so decisive in the Reconquest, since it prepared the ground for the later Christian advances southwards. Indeed the taking of Cordova and Seville by Fernando III would not have been possible had it not been for this great victory won at the end of his life by Alfonso VIII, who then presented the convent of Las Huelgas with the standard of his defeated adversary, Mohamed ben Yacub, usually known as Miramamolín. In high-warp tapestry on a weft of gold, the colours being blue and yellow on a red background, it bears Arabic inscriptions of a pious character in Kufic script. This magnificent standard used to be taken out in procession on Corpus Christi and would wave bravely in the *compás*, or square, of Alfonso XI, Captain General of Burgos.

The first thing that attracts the visitor's attention in the Cloister of St Fernando is the exquisitely beautiful door of the Sacristy. A work of Mudéjar carpentry, possibly done in the 11th century, like the plasterwork of the doorway giving access to the cloister it is an oriental intrusion in the western purity of the Gothic here, which attains its most perfect expression in the Chapter House, notable for its slender columns with their uncarved capitals and its tall Gothic vaults. Similar to the Gothic in the Cathedral of Sigüenza, it belongs to the very beginning of this style in Spain. As we stand today in front of the tapestries and imposing pictures of mother abbesses that line its walls, we can easily imagine the weighty sessions concerned with the government of the community which took place here.

Entering the little cloister ("*Las Claustrillas*"), we take a further step back in time and art, for here we are in the oldest part of the convent and the style of this cloister is Romanesque. It was built in the time of Alfonso VIII and its archaic architecture is really alien to the Cistercian spirit. Still stranger in their setting are the chapel of the Assumption and the adjacent chapel of Santiago, or St James, the latter a freestanding building in the convent garden. This art is not Christian but Muslim. The chapel of the Assumption is in Toledan Morisco masonry and is roofed with a vault of interlaced ribs. Its style is similar to that of certain Almohade work. And much the same may be said of the chapel of Santiago, which must also have been built by Moorish workmen, of whom we are told that they were to be found working on buildings in this convent even at a time long after the building of these two chapels.

The chapel of Santiago, at some distance from the rest and with independent access so as not to disturb the enclosed life of the convent, deserves the visitor's attention. It is, for one thing, the place where the kings were knighted – or, rather, knighted themselves. At the end of a little path we come to the horseshoe arch of its doorway, which leads to an interior that is a simple rectangle with smooth walls, a square high-altar chapel and a panelled ceiling of Moorish carpentry resting on a high socle or cornice of Mudéjar plasterwork. Its triumphal arch, too, is reminiscent of the Spanish caliphates. In the apse we find the important seated statue of the apostle St James, dressed as a warrior in a cuirass and with a sword in his hand. His face is very beautiful, with long hair, a forked beard and his gaze lost in the distance. as though he were looking into the future. The attitude is one of majesty, rather like that of the monumental figures of Christ to be seen in the Gothic cathedrals of France. This 13th-century figure has the curious feature of being articulated in such a way that by pulling on a cord the hand wielding the sword can be moved. It was Fernando III (St Fernando) – whom nobody could knight since he was, after all, the king – who invented this device by which the patron saint of Spain gave him the accolade. And with this ingenious, albeit rudimentary, mechanism other kings were knighted at Las Huelgas: Alfonso X, Alfonso XI, Enrique I, Juan I and the future Edward I of England. The simulacrum, indeed, probably afforded greater pleasure than reality, and its existence is a proof of the constant sense of play that underlies all chivalresque fantasy. Just as in the 19th century the mad Wagnerian king, Ludwig of Bavaria, toured the romantic lakes in the grounds of his neo-Gothic castles on mechanical swans, installed a lift to bring a table with his breakfast ready on it up to his room and delighted in turning a handle that caused a downfall of rain in front of his window, so these Castilian kings satisfied their dreams of warlike legends by having themselves dubbed knights by the saint who had won the battle of Clavijo. Imagination has always been the privilege of kings, even of the most sensible. Or of picturesque characters in other walks of life, in illustration of which there is the case of Eugenio d'Ors, in 1937, framing the norms of chivalry to be observed by the Falange. An odd way of crossing the philosophic with the knightly!

It would be an endless task to evoke all the comings and goings of the Spanish kings and their families at Las Huelgas, their departures for the wars and their splendid celebrations after their victories, the festivities and courtly or religious ceremonies held in the little courtyards, the incessant bustle of warriors, great ladies, saints, merchants and characters of every condition who visited the place or lodged in the vicinity under the omnipotent jutisdiction of the mother abbess. Fernando III, Alfonso XI and the latter's son, Enrique de Trastámara, were all crowned in Las Huelgas. It was in Las Huelgas, as I have said, that Alfonso X knighted Edward, Prince of Wales, who was later married there with extraordinary pomp and ceremony. And there, too, Alfonso's firstborn, Fernando de La Cerda, was married to Blanche, the daughter of St Louis, King of France. The notorious King Peter the Cruel was born in the old Tower of the Palace in Las Huelgas. And when Isabella the Catholic came, in 1483, to exhume the remains of her father buried in the Charterhouse of Miraflores, she naturally lodged in Las Huelgas, still the principal convent of its order in Spain and one of the noblest religious houses in the Peninsula.

Nor should we forget people like the master builder Recardo, the architect of the convent, or the Moorish craftmen, come to repair the buildings of the convent, who are known to have been lodged there in the 14th century. Nor yet the venerable Bernardino de Obregón, born within the precincts of the convent in the same century, who founded the order of the Servants of the Poor. All sorts of ceremonies and events speak of the intense life of the village that grew up around the convent, always under the rule of that great feudal lady, the abbess. And in this regad I should not like to forget the first abbess of all. Her very name, Doña Sol, seems to evoke a luminous, poetic world, at once mystical and legendary. But perhaps our vision is sublimated, intentionally, by the distance that dims the harsh realities of medieval life.

Today all that human bustle and activity belongs to the past and the convent lives withdrawn into itself, as though in a state of lethargy, wrapped in a peace and silence that are broken only by the engines of the tourists' cars and coaches. In our own century it was only at one crucial moment in the history of Spain that Las Huelgas experienced any intense political activity. On a tablet placed in the interior of the arch that leads to the inner *compás* we may still read an inscription commemorating the First National Congress of the *FET y de las JONS* ("Spanish Falange of Traditionalism and of the National-Sindicalist Offence Juntas"), held here on 2nd December 1937. Today, forty-seven years later, we can imagine how cold it must have been, on that winter day in the "2nd Triumphal Year", for the Members of the Council of the Falange who, with Franco, swore "to offer up their service and their lives as a Sacrificial Offering to a Great, Imperial, Free Spain". Thus Burgos recovered, if only temporarily, the leading role it had played when it was really the *Caput Castellae*. Those present at the Congress, in the ardour of their "nationalist" enthusiasm, believed that they were reviving for all time a Spain that by then belonged to the past. But the passage of time is inexorable. The Middle Ages were now a remote world, with their legendary kings and knights errant. Only the nuns, in their enduring spiritual tranquillity, were silent witnesses to the incessant changing of the world.

In his first book, *Impresiones y Paisajes*, which was published in 1918, Federico García Lorca gives us a static picture of the convent of Las Huelgas. When he comes to the royal sepulchres – "piles of carved stones enclosing a bone or simply asphyxiating darkness", "coffers of putrefaction" – he meditates on death and on the transience of human vanities. But his poetic spirit is fascinated by the romantic evocations of feminity aroused by this aristocratic foundation. And his visit to the convent is enlivened by fleeting glimpses of the nuns hurrying through the cloisters, with the long trains of their habits rustling as they pass. As though in a sentimental daydream or an eastern tale, he describes these nuns, "dressed in white with black veils, and with their placid, rosy faces surrounded by their most elegant turbans", and the portraits of past abbesses in the chapter house, with their "slender, aristocratic figures and their wonderfully white hands grasping their croziers, which are like immense silver flowers...". But his ingenuous vision of the cloistered life attains its greatest intensity just before leaving the convent, when he sees one of the nuns "releasing her great train like a peacock unfurling his fan of plumes, as enormous as the *Pomme d'Anis* of Francis Jammes. It was the hour of vespers and in the murmurous tranquillity of the evening there was a devout quiet". Sensitive to beauty as he was, García Lorca could not fail to be impressed by the splendidly elegant habit of these nuns, a true medieval court dress, with a long train which is normally tucked up but is let down to trail on the ground on all solemn occasions. The ancient nobility of the order thus shows itself today as a living reminiscence of its most distant past.

Looking back at Las Huelgas from a distance, with its white turrets standing out against the pristine blue sky of Castile, the visitor feels that he is leaving behind him the legendary Middle Ages. Kings and queens, infantas, monks, knights, merchants, pilgrims, saints: all mingle together in a fantastic, motley throng. Passions, struggles for power and wars fade away in our memory. The river mist seems to have risen and effaced the slender spires of the nearby city. Even the trees along the banks are like spectres.

TORDESILLAS

The Douro cuts rights across Castile, its waters nourishing the rich river valleys that contrast so sharply with the dry flatness of the interior of the Peninsula. Immense in volume, it makes its way through an austere land of immense, treeless plains. In summer the silvery thread of the river, the green meadows and white poplars, together with the luscious vines that cover the neighbouring hillsides, stand out dramatically against the vast surrounding sea of golden wheat. Then the blue sky blends into the remoteness of the broad horizons. In winter the range of colours is confined to a few severe tones: dark ochres and cold greys, or pallid mauves, accentuating the beauty of a bare land of sharp outlines and infinite space.

The town of Tordesillas, which stands on the Alto, or "Height", of Siellas, enjoys a privileged geographical position. As a fortified hill town with its now vanished Alcazar, it was always a key point between north and south, east and west, for it stood between Valladolid, Madrigal de las Altas Torres and Villalar, and not far from Medina del Campo. Before going on through Zamora and entering Portugal to flow into the Atlantic at Oporto, at Tordesillas the Douro swings lazily into a broad, majestic curve. The mirror of its tranquil waters reflects the ten-span bridge and the outline of the towers and columns of the town. Approaching along the left bank, the visitor can admire the clearcut silhouette of the houses of Tordesillas, this historic centre at an important crossroads, which towards the end of the Middle Ages was a royal residence.

At a moment that was to prove decisive for the modern world, Spanish history and universal history coincided at this crossroads of Tordesillas. For it was here, on 7th June 1494, that the king of Portugal and the Catholic Monarchs of Spain (Ferdinand and Isabella) signed the famous *Demarcation Treaty*, which established the limits of the Portuguese and Spanish possessions, respectively, in the newly discovered transatlantic territories, in accordance with the papal bulls issued by Alexander VI and confirmed, in 1506, by Julius II. By virtue of this treaty the whole New World discovered by the Spanish and Portuguese navigators was parcelled out between the two countries. Up to 370 leagues west of the Cape Verde Islands fell to the lot of the Portuguese, which meant that they became masters of all Brazil. Tordesillas was also the scene of the reclusion of that unfortunate queen of Spain, Joan the Mad, for forty-six years. The Alcazar, or "Royal Castle", in which this ill-fated daughter of the Catholic Monarchs was imprisoned, was demolished in 1771 and today nothing remains but the memory of her ominous pseudo-reign. Queen Joan, who had wandered sadly with the coffin of her husband between Burgos and various villages in the neighbourhood of Palencia, was finally interned by her father, Ferdinand of Aragon, in that uninviting Alcazar of Tordesillas to which, in the 14th century, John I of Castile had banished his wife, Leonor – who, like Queen Joan, left the castle only at her death. And yet another illustrious lady, Queen Leonor of Aragon, had been imprisoned in the Alcazar in 1430 to prevent her from supporting the claims of her warlike son. When Queen Joan was shut up here the body of her husband, Philip the Handsome, was placed in the church of the nearby convent of Santa Clara, so that the Queen could always have his coffin within sight. Two years later, when her mental state had deteriorated still further and she had forgotten the dead man, Philip's body was transferred to the Royal Mausoleum in Granada. When the poor queen's children, Charles and Leonor, arrived in Spain in 1517, they came to Tordesillas to visit her. But the future Charles V was to visit his now completely deranged mother on only one other occasion, in 1520. When the Castilian communards took Tordesillas they tried to oblige her to sign decrees against the sovereignty of her son. But they got no satisfaction from Queen Joan. Receiving them indifferently, with her vacant gaze lost in an infinity of indecision, she may be said to have thus saved the continuity of the monarchy. When she died, in 1555, her unburied body remained in the convent of Santa Clara until 1573, when it was moved to the Royal Chapel in Granada to join the mortal remains of her parents, the Catholic Monarchs, and her adored husband, Philip the Handsome.

Other historic events took place in Tordesillas. King John II of Castile, at the time of the conflicts between the infantes of Aragon and Don Alvaro de Luna, was besieged here by the king of Navarre in 1438, the siege being known as the "Surety of Tordesillas". The palace which is now the convent of Santa Clara was principally built by Alfonso XI and Peter the Cruel, both of whom used it as a sort of holiday retreat. When Philip III's all-powerful favourite, the Duke of Lerma, finally fell from power in 1618, he was exiled to Tordesillas; and the town was also visited by Napoleon Bonaparte when he was in Spain in 1808. The Emperor of the French was lodged in the convent and in the brief official despatch we are told that "L'abbesse a été présentée à l'Empereur". But we are not told anything about what was discussed at this forced interview between the abbess of the convent and the arrogant invader.

In the convent of Santa Clara there is a little votive offering in the shape of a tablet with an inscription commemorating an anecdote in the life of Isabella the Catholic. The queen was on the bridge when the rope with which a gentleman was holding a bull slipped from his hand. A great scare spread through the town, with people running up and down in panic. But Hernando de la Vega, a gentleman of an old Tordesillas family, bravely placed himself in front of the queen and killed the bull with a lance. It was undoubtedly this taurine feat that gave its origin to the famous *toro de la Vega*, an annual festivity held on the day of the Virgen de la Peña, the town's tutelary patroness, during which a bull is released and, pursued by all the young men of Tordesillas, runs down to the *Vega*, or river meadows, and crosses the bridge over the Douro, at the further end of which he is killed with a bullfighter's lance.

In the 16th century Lorenzo Vitale gave an enthusiastic description of the town, and in the same period the Venetian diplomat Andrea Navaggero praised the pleasant, peaceful surroundings of Tordesillas and its beautiful houses. Father Ponz, the 18th-century cleric and academician, repeated this praise almost word for word. Tordesillas, according to his account of the place, had very commodious places for walking or strolling, and "the houses, street and churches, and the paving of the streets themselves, are very decent parts". A medium-sized town, with some fine architectural monuments, Tordesillas is also notable for its fine Plaza Mayor, or Main Square, with its regular layout and harmonious proportions, one of the best examples we have of classic Castilian town-planning.

But the most highly prized glory of Tordesillas is undoubtedly the convent of Santa Clara. Situated at one end of the eminence on which the town stands, above the place where the river swings into its great curve and grows sluggish, Santa Clara is like a great ship, with its tall Gothic church and its high, latticed balconies from which the nuns can gaze out on the panorama of the river valley and the immense plains of Castile in the background. On a clear day, from the terrace in front of the church one can make out Medina del Campo, a city once famous for its fairs. The sober Gothic architecture of Santa Clara, with nothing in the way of towers but a simple bell gable, evokes the church of the order's mother house in Assisi, the home of St Francis and of St Clare, who founded this order of the "poor ladies".

Before being a convent, as I have said, the building of Santa Clara was a royal palace. First erected between 1340 and 1344, by Alfonso XI, apparently with the booty from the battle of El Salado (the "skirmish of Benamarín", as it was called), this palace was built by Mudéjar masons from Toledo who were evidently well acquainted with the Andalusian architecture of the Almohades and of Granada. Thus it was Alfonso XI, the conqueror of Algeciras and Gibraltar, who started the Castilian fashion for Moorish palaces. Inhabited first by his widow and then by his son and successor, Peter the Cruel, and the latter's mistress, María de Padilla, the palace of Tordesillas – together with Las Huelgas in Burgos and the Alcazar of Seville, built by Peter the Cruel – is the paradigm of this strange fondness the Christian kings felt for the art of their enemies. The vogue for things Moorish, which lasted almost until the end of the Middle Ages, was to reach its height in the reign of Enrique IV (Enrique the Impotent), who even dressed like a Muslim and decorated the Alcazar of Segovia as if it were an oriental palace.

By the testamentary dispositions of Peter the Cruel, the palace of Tordesillas became a convent of the Poor Clares. And one of the first nuns in this convent was the Infanta Beatriz, the eldest of the four children of his union with María de Padilla. Undoubtedly the decision to enter the religious life was taken by the Infanta herself who, tired of the horrors of war and intrigue all around her, thought a nun's life preferable to inheriting the throne of Castile and marrying the Infante Fernando, heir to that of Portugal. Her father, perhaps disillusioned by this time, made this religious offering in atonement for his political sins and for his rather rakish and stormy life. The transformation of what had been rooms devoted to pleasure and comfort into austere cells and chambers suitable for nuns was not very difficult.

In fact the decoration of all these palaces, except for the Moorish plasterwork, the gilded ceilings and the mural paintings, consisted merely of the movable elements – drawing-room stools and tables, cushions, carpets and tapestries – which the stewards would put in place before the arrival of the kings and queens, whose nomadic existence did not permit them to have any very heavy furniture, of the kind one finds in palaces intended for more permanent use.

As in the original Moorish palaces, the principal rooms of this palace turned into a convent are on the ground floor. The first thing to attract one's attention in Tordesillas, before entering the building, is the remains of the palace façade, with its flat-arched doorway and decoration of lobulate arches in panels. Similar to the façade of the Alcazar of Seville, it is difficult to determine whether it is earlier or a simplified copy of the other. On entering, the visitor will be at once fascinated by a series of cool little rooms which reveal, in rapid succession, the labyrinthine layout of the old palace. In the single-storey Moorish courtyard, with its little marble columns, its lobulate arches and its dado of tiles decorated with interlacing stars, we feel transported to Andalusia. Even the uncompromising light of Castile seems to be filtered before it falls on the red tile flooring, while the dazzling white plasterwork of the arches strikes a note of finely stylized orientalism. In the Gold Drawing-room, square in plan and with walls decorated with intertwined lobulate arching, one must not forget to look up and admire the interlaced design of the dome, set on squinches. This drawing-room, first used by the nuns as a private chapel and now converted into a museum, has murals of different periods in the panels of its arcading. There are various works of art displayed here, but perhaps the visitor will find more interest in a sort of chamber organ of the type known as *realejo* (which might be translated, rather horribly, as "royalette"), because its size made it suitable for playing in the drawing-rooms of royal palaces, and a Flemish clavichord which belonged to Queen Joan the Mad. This latter instrument is a really charming piece; on its lid is painted a sort of musical *fête galante* which evokes the gaiety of Renaissance society in the Netherlands.

Strongly evocative, too, of a way of living that fascinated the Christian kings of Castile are the Moorish baths, which, like those preserved in the Capuchin convent of Gerona, were incorporated into the enclosed part of the convent here. Together with those of the Alhambra in Granada, these baths of Tordesillas are considered to be the most important in Spain. Placed in a freestanding building, behind the chancel end of the church, with their pool or cistern, dressing-room and rest room, they constitute an ensemble of the greatest interest. The stylized columns and the vaulting with fretted skylights belong to the purest type of Muslim art.

The single-nave church, which is high, broad and deep, has a dazzling effect on all who enter it. Gothic in style, its first spans are roofed with the typical ogival vaulting, which gives way to a richly gilded coffered ceiling with interlaced designs over the high-altar chapel. This polychrome ceiling, of truly sumptuous effect, is supported by a dado of prism-carved arches, within which are images of saints. According to the architect and historian Vicente Lampérez y Romea, this Mudéjar ceiling was that of the principal reception room of Alfonso XI's palace, converted into a chapel when this part of the building became a convent. But it is difficult to say whether he is right or not. A very similar ceiling still extant is that of the Royal Drawing-room in the Alcazar of Seville. Between the nave and the high-altar chapel, placed on a beam that traverses the whole width of the Triumphal Arch, a Gothic Crucifixion stands out sharply against the surrounding void. Thus the nuns, from their lower choir at the foot of the church, could contemplate the image of Christ's Passion aureoled by the radiant gilding of the ceiling of the apse.

A chapel added to the church at a later period is that of the Saldaña family. Built towards the end of the 14th century as a family mausoleum for Fernán López de Saldaña, Chief Accountant, Chamberlain and Chancellor to King John II, it is in the Gothic style called Flamboyant, with considerable northern influence. In its day it was a novelty which represented a break with the cold French models then prevailing. With its wall tombs consisting of sarcophagi with pierced filigree work, its beautiful shield-bearing angels and its recumbent figures in alabaster, it introduces a finely stylized mode which is very typical of the later Middle Ages, when the influence of the courtly art of Burgundy and northern Europe was at its height. Apparently designed by Joosken of Utrecht, an architect and sculptor who also worked on the Cathedral of León, it was intended to be carried out by the master builder Guillén de Rohan, who died when the work had hardly started and was buried here. Here in Tordesillas, then, we have the starting-point of that magnificent Flamboyant architecture of such men as Colonia, Guas and Egas, which has such a great appeal for all art lovers.

But the brightest jewel, the greatest masterpiece, in the convent of Tordesillas is the altarpiece in this chapel, a portable wooden triptych which is known for certain to have belonged to Peter the Cruel. Including the painted backs of panels when closed, it consists of ten panels, the two corner ones representing prophets and the rest the Conception, Birth and Childhood of Christ. The different scenes take place in *aediculae* of light, aery construction, the trees and towers standing out against gilded backgrounds. When the triptych is opened, it is a real marvel. In the centre, on a deep blue, star-studded background, there are tall, elegant baldachins in Gothic tracery framing six carved scenes of the Passion of Our Lord. On the upper parts of the backs of the panels are painted the four Evangelists, sitting at desks in their cells and writing their texts; on the lower parts we see scenes in the life of Christ between the Resurrection and the Ascension. Very curious are the little ancillary details of these paintings, like the mouse emerging from under a desk, the two dogs biting each other or the little characters brawling. Also interesting is the kneeling figure of the donant, with a scroll or cloud issuing from his mouth, for all the world as though he were a character in some sort of divine comic strip.

The sculptor of the central part was almost certainly a Flemish artist. The paintings are attributed to Master Nicolás Francés, that painter who had done the altarpiece of the high altar in the Cathedral of León and who had also executed – for the celebrated *Passage of honour*, or chivalresque challenge, of Don Suevo de Quiñones on the bridge over the river Orbigo – a life-size figure of a messenger, "very like in appearance", hatted and accoutred at all points like a real person. In that age of knight errantry this "subtle master" was the first, after Jan van Eyck's visit to Santiago de Compostela, to use oil paints in Castile. A colourist with a finely-nuanced range, he was also a painter of exceptional personality within what is called courtly, or international, Gothic. With a keen gift of observation and a great fondness for anecdote, he also had a notable sense of humour. The intensely expressive faces of his characters always have a presence that goes beyond their mere iconic reality. His connection with the art of the miniature is quite evident. Nicolás Francés was a really fine plastic storyteller.

In the enclosed part of the convent, and thus for the exclusive use of the community, there is an inner, parallel church, also with a single nave. Extremely long and narrow, it is almost wholly occupied by choir stalls in a classicist mode, consisting of 58 stalls altogether, with high, simple backs. Hence this private chapel is usually known as the Long Choir. The altarpiece here, of no great quality, is attributed to the Master of Manzanillo. More important is the cornice of the wooden grille in the sanctuary, on which stands a large crucifix. This cornice, with intricate carving of gilded prisms, is a further example of that Mudéjar art which occupied such an important place in both the palaces and the convents of the Castilian Christians.

Today Tordesillas, this historic place and "refuge of unfortunate princesses", in the words of the Marqués de Lozoya, is a quiet, pleasant town that deserves a careful, leisurely visit. For in it we can study better than anywhere else the survival of Castilian Gothic in its subtlest and most clearly vernacular version.

THE ROYAL DISCALCED CARMELITES

In the very heart of the modern part of Madrid, quite close to the Gran Vía and the Puerta del Sol, and cheek by jowl with two of the capital's most monstrous department stores, we find the convent of the Royal Discalced Carmelites, like an enclave of the Spanish "Golden Age" (the 16th and 17th centuries, approximately). Merely to step into the entrance is like leaving the modern world behind; and a visit to the interior of this convent is a journey back in time, a re-living of Madrid as it was in the age of the Hapsburgs.

Of royal foundation, the Convent of the Royal Discalced Carmelites – or "convent of princesses", as it was once described by the Marqués de Lozoya – preserves intact the ambiance of austerity and grave, aristocratic demeanour which appealed so strongly to the taste of the Spanish Hapsburgs. The dry, unsentimental piety that prevailed at the Court, in conjunction with the requirements of a particularly rigid court etiquette, rather than impeding the poverty and strict observance of the rule of the Poor Clares, actually harmonized with them perfectly. The convent of these Discalced Carmelites was an example of the religious spirit, at once formal and profound, of the Spanish royal family, which was undoubtedly the most operative and decisive defender in Europe of the Catholic Counter-Reformation against Protestantism.

A house of nuns installed in a former royal palace, altered and enlarged to provide it with the necessary church and other offices, this Carmelite foundation is an excellent example of the first large-scale architecture in Madrid at the time when the town was being transformed into the capital of Spain. With the disappearance of the old Alcazar in the fire of 1735 and the almost total destruction of the Buen Retiro Palace in the 19th century, it is only thanks to the convents of the Discalced Carmelites and the Incarnation that we can have some idea today of what royal mansions in 16th- and 17th-century Madrid were really like. These buildings represent two different stages in Spanish architecture of the Golden Age and, like Philip II's palace in the interior of the monastery of El Escorial, are astonishing in their architectural simplicity and at the same time the artistic riches they contain. With a labyrinthine layout that is the result of many interior alterations to an existing building, the Discalced Carmelite convent evokes the world of staircases, passages and gloomy reception rooms of the old Alcazar of Madrid. Its decoration, with tapestries, pictures and Baroque frescoes, is similar to that which we know to have given much of its magnificence to that most important of the royal mansions in Madrid. The convent of the Incarnation, on the other hand, a later building, and clearer and more rational in its interior, was more like the Buen Retiro Palace, which was built not so many years afterwards in an identical spirit of ordered classicism.

At the moment of its foundation, in 1555, by Joanna of Austria, widow of Prince John of Portugal and mother of the unfortunate King Sebastian, the palace that was to become the convent of the Discalced Carmelites stood outside the old nucleus of Madrid, in a sort of suburb that had existed since the Middle Ages around the important Benedictine monastery of San Martín.

This suburb of San Martín, which was what was called "abbatial" land with special jurisdiction, which depended neither on the archbishopric of Toledo nor on the municipality of Madrid, but on the Monastery of Silos in Burgos, occupied altogether about a third of the Madrid of that time. In it, around what is now the Plaza de Las Descalzas, stood the mansion of the Marqués de Villena and that of Alonso Gutiérrez, accountant to the Catholic Monarchs and Treasurer under Charles V; it was this latter that was to be the Carmelite convent.

The Gutiérrez mansion – together with the tower of the Lujanes, the huge house of the nephew of Cardinal Cisneros and the Bishop's Chapel – was one of the larger and more prominent buildings in Madrid before it became the capital, though for size and sumptuousness it could not compare with the great Plateresque mansions to be found in any other Castilian city. Of its external construction we still have the façade that gives on to the Plaza de las Descalzas, at the corner of the Calle del Pórtico de San Martín. In it is the Renaissance doorway, with its columns and Tympanum in the Toledan style, which gives access to the entrance hall of the convent. In heavily carved stone, this doorway forms part of a very old building with shoring and horizontal layers of brick and coffering in flint from Vicálvaro.

This building technique, also typical of Toledo, gives the building an austere, almost village-like air that is wholly appropriate to the country town of La Mancha that Madrid once was. With the few openings in its walls and the flat façade of the church in the middle, this main front of the convent shows a severity and lack of ornamentation very typical of Madrid under the early Hapsburgs.

The Empress Isabel moved into this palace when Charles V acquired it in 1535, and here she gave birth to her daughters, the future Empress Maria and Princess Joanna, the latter destined in time to be the founder of the great Carmelite convent in the house of her birth. Of the original interior there remain the really splendid staircase, the courtyard which was turned into the convent cloisters and a series of rooms and halls which by their different levels betray the alterations and adaptations carried out, according to Llaguno, by Antonio Sillero, under the supervision of Juan Bautista de Toledo, the first architect of El Escorial. Another extremely important feature is what is called the *regular* door, which means the one leading to the enclosed parts of the convent. It has two leaves in wood carved with mouldings of grotesque heads and animals and, together with the brackets in the entrance and some coffered ceilings, is among the building's finest examples of the art of Renaissance carving.

History, architecture and art are all bound up together in this house of the Carmelites. Its foundation by a princess and the continuing royal patronage make this convent – which was only to undergo, in the 18th century, a certain degree of remodelling in the interior of the church – a veritable museum of its period, as regards both the content and the architectural frame that contains it.

Studying this convent entails at the same time going into the intimate history of the Spanish Hapsburgs and recapitulating the great artistic importance of their patronage, not to mention delving into the religious origins of a way of life that has been such a determinant factor in everything Spanish.

Renewing the medieval tradition of such convents as Las Huelgas and Santa Clara in Tordesillas, that of the Discalced Carmelites in Madrid was to serve largely as a home and place of retirement for the women of the Austrian dynasty, both legitimate and natural. Its foundation in Madrid was not a matter of chance but, as in the case of El Escorial, the result of Philip II's decision, already adumbrated by his father, Charles V, to make Madrid the capital of the kingdom. The founder, Joanna of Austria, who had previously spent several years in Valladolid ruling the country in the absence of her father and brother, did not instal the convent in that city but in the one that was to become the centre of the whole Peninsula. From the moment the idea of the foundation had been started, on the advice of St Francis de Borja, the convent of the Royal Discalced Carmelites, with the ladies of royal or imperial blood who inhabited it, was to be the most aristocratic nunnery in Madrid.

In the 18th century, Philip V, the first king of the Bourbon dynasty in Spain, though by then the convent did not house any queens or princesses, was to raise the rank of the abbess of these Carmelites to that of a Grandee of Spain, to be addressed by the title of "Most Excellent Lady".

The historical gallery of the women of the House of Austria is impressive and imposing, and the convent that was the scene of part or almost the whole of their lives is their best monument. Indeed, the interior is full of memories of them. In the church and the high choir, respectively, are the tombs of the founder, Princess Joanna, and her sister, the Empress Maria. The Infantas turned nuns almost seem to be still present here. In the various parlours and reception rooms of the convent we see their portraits, along with those of the kings, queens, princes and princesses of the Hapsburg family, masters of Europe and responsible for its political destinies.

A portrait collection of the first quality, this gallery deserves an attentive visit. Ugliness and circumspection seem to be the salient characteristics of the legitimately royal ladies, with their stiff court dresses or nun's habits and the marked pragmatism of their faces. Their general mien and attitudes are severe, no doubt as becoming their high rank, but utterly unlike anything to be found at the other European courts of the day. Prettier and more attractive, with a charmingly naive air of innocence, are the pictures of the natural daughters, those illegitimate fruits of the various royal amours, whose biographies can usually be reduced to being born and at once entering the convent. These hothouse blooms of a sort, brought up in the shade of the convent without any sun but that of the kitchen garden and with no one to give them a mother's care but the nuns, are all surely deserving of pity. Their birth denied them the freedom that could be gained by their legitimate half-sisters through marriage, even though it might be through a marriage arranged beforehand for political reasons. Their lives within the four walls of the convent were at bottom, for all of them alike, a comfortable refuge, a safe haven till the ends of their existence, though for many it may have finally come to seem a gilded cage. The founder, Joanna of Austria, was a withdrawn, devout princess, a lover of order and solitude. Losing her mother at the age of four, she had no paternal presence to console her, for Charles V was always away from home and she did not see him from the age of seven until he abdicated and retired to the monastery of Yuste. Betrothed before her eighth birthday to the crown prince of Portugal, she was married to him, in 1552, at the age of seventeen. Barely two years later her husband, Prince John, died before succeeding to the throne, leaving her with one son, the future King Sebastian "of the sad destiny", who died in turn in the prime of life at Alcazarquibir. On her husband's death she returned to Spain to govern the country in the absence of both Charles V and Prince Philip, then in England after his marriage to Mary Tudor. Once installed in Valladolid, she showed great prudence and a considerable capacity for her task of government. Upright and just, she excited admiration by the care with which she examined all matters and gave her decisions.

A protector of literature, she was also a staunch defender of the Catholic faith and under her mandate the Inquisition was by no means idle. Indeed, she presided in person over the famous auto-da-fé held in Valladolid in 1559.

She was still ruling Spain when her grandmother, Joan the Mad, died, and she had to make all the arrangements for the funeral. And when her father abdicated in Brussels, it was she who prepared the proclamation of Philip II. A princess whose extreme sense of modesty led her always to cover her face in public, she set an example of propriety for the court. For her brother, Philip II, she played the important role of family counsellor.

In the portrait of her painted by Alonso Sánchez Coello the already widowed princess looks still young – and thoughtfully reserved, as befits the occasion, for it was at this time that she decided to found a convent of Franciscan nuns practising strict observance of the rule of St Clare.

St Francis de Borja was the counsellor who helped her to take this important decision. And from the convent of the Poor Clares in Gandía, the original home of the Borjas, came the miraculous image of the Madonna of Gracia which is still venerated in the Discalced Carmelite convent in Madrid.

From the same convent came the first nuns to form this new community, whose first abbess was Sister Juana de la Cruz, sister of St Francis de Borja and, therefore, great-granddaughter of the controversial Pope Alexander VI.

Joanna of Austria died at El Escorial on 7th September 1573, at the age of thirty-seven, and was buried in Madrid, in front of the high altar in the church of the convent she had founded. But only two more years saw the completion of her funerary chapel, placed in the sanctuary on the Epistle side, by Giacomo Trezzo and the figure representing her in a position of prayer by the sculptor Pompeo Leoni; these were also the two Italian artists who had worked together on the high-altar chapel and the sepulchres at El Escorial. The princess, with her usual elegant discretion, had left instructions that her tomb should be placed near the altar, but at the same time in such a position that it would not impede the view of the congregation or be the object of all eyes. In its oblique position with regard to the altar, her statue recalls those of Charles V and Philip II at El Escorial.

The Empress Maria of Austria is the second important woman of the House of Austria connected with the convent of the Discalced Carmelites. Like her sister Joanna, she was born in this building while it was still a royal palace, and to it she retired when, after the death of her husband, the Emperor Maximilian II of Austria, in 1581, she returned to Spain accompanied by her daughter, Princess Margarita – who, having refused Philip II's proposal of marriage, entered the religious life here as Sister Margarita de la Cruz.

The portrait of the Empress at an advanced age painted by Juan Pantoja de la Cruz is an impressive work, which shows her full-length in her widow's weeds and wimple, making her look like a nun already. In her left hand she holds a rosary and on a table to the right we see an imperial crown. Her gaze is vague and her hands as white as ivory. In fact this wife and mother of emperors has the appearance of just another nun in the convent. With her begins the type of the widowed queen which, as in the case of Margarita of Austria (Philip IV's last wife and the mother of Carlos II), was to become a frequent feature of Spanish court life. The severe mien of women of this type contrasts strongly with the elegant, frivolous attitude of French queens and princesses of that period.

A devout woman with a deeply-felt Catholic faith, which was only increased during her years in Germany by the insidious threat of Protestantism, after her husband's death the Empress sought in Spain a life of retirement and spiritual peace which she could hardly expect to find at the court of her son, the Emperor Rudolph, so fond of surrounding himself with alchemists, astrologists and necromancers. Though her German and Bohemian subjects wanted to provide her with a convent for her retirement, she preferred to return to Spain and instal herself in the Discalced Carmelite convent founded by her dead sister, and in 1581 she set out on her long journey. A huge canvas painted by Jans van der Beken in 1601 shows the large retinue, with numerous carriages and litters, that accompanied the Empress from Prague to Madrid. It represents a moment when the travellers are making their way up a slope on foot. In the distance we can see the city of Prague and boats laden with goods plying on the Vltava.

There are labourers working in the fields on either side of the road and shepherds tending their flocks. Walking with the Empress we see Juan de Borja, the steward of her household, and her little page, the future St Louis Gonzaga, as well as her daughter, the Infanta Margarita, and several orphaned girls whom the Empress considered to be "her finest jewels". Their faces covered with masklike veiling, one hardly knows whether to protect their modesty from impertinent looks or their faces from the inclemency of the climate, these destitute girls were intended, after the requisite indoctrination, to enter the religious life in different Spanish convents. The knights charged with guarding the royal travellers are accompanied by a number of dogs.

The journey to Genoa, where they embarked on a ship commanded by Giovanni Andrea Doria for Barcelona, and from Catalonia to Madrid, was long but uneventful. The Empress made only short stops en route and avoided passing through such cities as Venice. Nor would she have stopped at Milan, but the Archbishop (later Saint) Carlo Borromeo came specially to meet her and her daughter. At Lodi they had intense spiritual discussions that lasted four days. From Barcelona the august travellers made a pilgrimage to Montserrat, whose Madonna was always dear to the Spanish royal family. Indeed, a picture of this "Dark Virgin" still hangs in the Chapel of the Dormition in the enclosed part of the Carmelite convent in Madrid.

Philip II wished to appoint the Empress governor of Flanders, but he met with a decided negative from his sister, who longed for a quiet, retired life. Having lately lost his fourth wife (Anna of Austria, the Empress's daughter), Philip also proposed a marriage between himself and the Infanta Margarita, who discreetly but firmly told her uncle (and brother-in-law) that she wished to become a nun. In the face of these refusals from mother and daughter, the King had to resign himself to acceptance, and in fact thenceforth supported them both in their future plans.

For over twenty years the Empress remained entirely in the convent of the Discalced Carmelites. To lodge her and her household a series of rooms adjacent to the enclosed part were prepared, so that though living outside that part she was still in the convent, indeed almost at the centre of the convent complex. Her imperial "palace" or suite was on a mezzanine level behind the high altar of the church. Communicating with the gallery of the church to allow attendance at the religious ceremonies and give access to part of the garden, it also had a passage leading to the enclosed part, so that the Empress could communicate with her daughter, first as a novice and later as a professed nun of the convent. On the death of the Empress her rooms were reincorporated into the enclosed part.

Before dying at a great age in 1604, the Empress left testamentary dispositions for a foundation which was to be of the greatest importance to Madrid. For it is to her generosity that the city owes the creation of the Imperial School of the Society of Jesus, which was installed in what is now the Instituto de San Isidro and throughout the 17th and 18th centuries educated the successive generations of the Madrid upper classes. The Empress's secretary was the poet Lupercio Leonardo de Argensolo and among her religious assistants there were such important figures as her chaplain,, the Franciscan mystical writer Fray Juan de los Angeles, while the organist in her private chapel was Tomás de Luis de Victoria, one of the most important musicians in Europe. It was for the obsequies of his patroness that Victoria wrote his celebrated *Requiem Mass* for six voices.

The Empress Maria, who lived as retired from the world as a nun without actually being one, now rests in the upper choir of the church. Like the medieval kings and queens buried in Las Huelgas, her mortal remains are venerated with prayer by the community night and day. But this privileged position is owed to Philip III, for the Empress had been first buried by her own desire in the cloister of the enclosed part. Her elegantly simple resting-place consists of a shrine with a sarcophagus in black jasper. Designed by Gian Battista Crescenci, who also decorated the Royal Mausoleum at El Escorial, it belongs to the sober, classicist style immediately preceding the Baroque. At the foot of her tomb her daughter, Sister Margarita, was later buried. It is known that, when the Empress's body was transferred from its sepulchre in the cloister to the one in the choir, to everybody's surprise it was still entire and even gave off a certain fragrance. In the words of her biographer, Méndez de Silva, "the strangest thing of all is that, although the coffin had been crammed with lime when they buried her, and with a lot of lime, so that the flesh would be consumed quickly, not only was it not consumed but it was as entire and tangible as though she were alive". Another biographer, Father Palma, tells us that her daughter, Sister Margarita, "seeing in the body

of her mother those noble signs of the blessedness enjoyed by her soul, asked the Abbess for permission to kiss her mother's hand; and, kneeling before her Highness, she kissed the hand and wept to see her mother so favoured by God". This ceremony of the filial kiss was performed again when the work of carving the sarcophagus in the shrine was completed. In dealing with convents one is constantly coming up against these mingled rites of death and love, prodigies and miracles, announcements and signs of sanctity. In the enclosed orders, in which everyday life glides smoothly along without the vicissitudes or great events of the outside world, there are moments that pass as quickly as a flash, but in which are revealed the mysteries of life and death. It is sacred ephemerae like these that constitute their golden legend.

Of Sister Margarita, the third of these great princesses of the Discalced Carmelites, I have spoken already, but now I should like to say something about her life as a virtuous and exemplary nun. At all times mindful of her family, her advice was always listened to and frequently acted upon, so that her guiding presence can be sensed in all the intimate decisions of the Spanish Hapsburgs of her time. Towards the end of her life she lost her sight and there is an engraving by Perret, from a drawing by the painter Antonio Pereda, which shows the blind Sister Margarita walking with the support of a stick and guided by her guardian angel. Another impressive image of this great nun is that of her dead body surrounded by flowers on its bier. In her cell, or "cottage", we may see her few personal mementoes: a hair shirt, a prayer book, the ivory crucifix she carried on the day she took her vows, a sort of slipper with a perforated metal sole for penitential purposes, a little polychrome wooden figure of the child Jesus asleep, no bigger then the palm of one's hand, which Sister Margarita always carried in the pocket of her apron. Scanty indeed were the material treasures possessed by this archduchess turned nun who, as I have said, preferred the retirement of the convent to the life of a queen of Spain.

The many virtues that distinguished these royal personages were dealt with at length by such writers as Father Juan Carrillo, Fray Juan de Palma, Fray Juan de los Angeles, Rodrigo Méndez de Silva and Father Abellán, To them we should add the Gongoristic poet Félix de Paravicino (in religion Fray Hortensio), a friend of El Greco and a great preacher. All of them sang the glories and excellences of these noble ladies. In the hyperbolical language of the day they all emphasize the "heroic virtues", the "fragrant Madonna lilies" cultivated in the cloisters, the "most serene mirrors" of sanctity to be inferred from those lives consecrated to the Lord.

All this laudatory literature was intended to serve as an example and demonstration of the greatness of soul and selflessness of the Hapsburg family, as well as its great love for religion.

Of the other nuns of this family only Sister Catalina María de Este, daughter of the Prince of Modena and granddaughter of the Infanta Catalina and the Duke of Savoy, was legitimate. The others were all natural daughters: Sister Ana Dorotea de Austria, daughter of the Emperor Rudolph, Sister Mariana de la Cruz y Austria, daughter of the Infante and Cardinal Fernando, and Sor Margarita de la Cruz y Austria, daughter of Don Juan José de Austria (himself the bastard son of Philip IV) and granddaughter of the great painter José Ribera (Lo Spagnoletto). Of the first and the last of these there are still palpable signs of their presence in the convent. Sister Ana Dorotea (who possessed the title of Marquesa de Austria) was an intelligent patroness of the arts, who enriched the convent with some important works and liturgical objects, while Sister Margarita de la Cruz y Austria is remembered for the Chapel of the Miracles, which was a gift to the foundation from her father.

In this gallery of noble nuns and other ladies we must not forget Sister Juana de la Cruz, the first abbess of the Discalced Carmelites. Sister of St Francis de Borja and great-granddaughter of Pope Alexander VI, she also had six sisters who were all nuns in Gandía, the place of her birth. A most energetic abbess, it was she who laid down the laws by which the convent was ruled and, although it was a royal foundation and under royal patronage, she succeeded in maintaining it independent of all interference from the outside world. In the first place she insisted that the convent was not to possess any foundational property; and when the Spanish crown wanted to establish an exception to the rule of poverty of the Poor Clares, Sor Juana succeeded in obtaining the annulment of the papal bull already drawn up for this concession. She only consented to the institution – under the control of the convent, which was thus able to receive some benefits – of the Hospital of Mercy, which was established in front of the convent buildings, on the other side of the Calle de Capellanes, and was intended to cater for the needs of distinguished patients, such as priests, army officers and gentlemen of noble family, while at the same time serving as a residence for the numerous chaplains of the convent. She likewise refused to accept the property which the Empress Maria wished to bequeath to the convent for the benefit of destitute girls taken in by the convent or poor novices.

Undoubtedly, however, Sister Juana's greatest feat was her successful confrontation with Philip II, who for all his great power was unable to bend the tenacious abbess to his will. The King wished to have the proofs of noble birth presented by all applicants for admission to the Discalced Carmelites to be inspected by the Crown, while in Sister Juana's opinion any such admission was the prerogative of the abbess. The dispute lasted for fourteen years, during which Sister Juana – who was re-elected four times – paralysed the admissions to such an extent that not a single new nun took her vows in all that time. It was not until Philip's death, in 1598, that the case was decided in favour of Sister Juana, who survived the King by only two and a half years. Philip III finally settled the matter by admitting that the proofs of nobility for admission to the Discalced Carmelites should be left to the judgement and conscience of the abbess.

Installed in what was originally a Renaissance mansion, which had to be enlarged and adapted to make it suitable for an enclosed order, this convent affords the visitor a great many motives for curiosity. The complex articulation of those parts of the original mansion first converted into a private convent and palace for the Empress Maria and then reincorporated into the rest of the foundation make any tour of the whole a labyrinthine journey. There is an air of mystery about its spacious rooms, on their varying levels and with their different heights of ceiling, some of them bright and airy with the light filtering through the original windows, others windowless and gloomy. In some of the reception rooms – those that now form the convent's museum – one has the feeling that time has modified the passage of the centuries. The silence and penumbra create a still haven of peace in the midst of the feverish life of the city surrounding this convent.

On crossing the threshold of the entrance hall, the visitor is greeted by an image of the Blessed Virgin in a bell glass. On the bare walls of this intermediate space between street and enclosure we find four large canvases representing holy hermits, an evident allusion to the secluded life led by the nuns in the enclosure within. St Simeon Stylites on his pillar is clearly the symbol of the difficulty of remaining upright and unimpaired in time and space. When the very beautiful "regular" door is closed, five archangels greet the visitor. Youths with the faces of maidens, they are of unrivalled grace and elegance. At once celestial beings and exquisite courtiers, they are both the harbingers of a world of spiritual delights and the vigilant sentries at the entrance to that paradise that is closed to many and open only to the few.

With their superhuman beauty, these archangels were the object of great devotion on the part of the nuns of the Baroque age. As members of the celestial court and host, they were at once the beneficent protectors of mortals and mirrors of the virtues needed to vanquish human weakness. For the believer the contemplation of these figures is a source of sweet pleasure and gratifying spiritual accompaniment. The nuns of the enclosed orders always had many images of these marvellous beings.

Among the many figures of archangels in this convent the most beautiful and monumental is undoubtedly that of the Guardian Angel of the community, painted in oils by the Mannerist sculptor and painter Gaspar Becerra. The ambiguous beauty of the character represented could be that of a robust matron or that of an Apollonian young man. The body, in fact, is of a very sculptural character. As the representative of justice, he brandishes a whip in his right hand as though about to use it, while his left hand holds a crown. As the tutelary angel of the convent, it is he who rewards or punishes the nuns according to their conduct. It is not surprising that he should have been given a chapel to himself within the enclosure. Another important work is the oblong canvas representing the seven fundamental archangels grouped together. The work of Bartolomé Román, who also painted the five in the entrance, it represents them with their divine attributes, presided over by the virile, martial presence of St Michael, whose victorious standard leads the winged troop.

We find more archangels on the broad principal staircase of the convent, which rises so splendidly from the end of the enclosed cloister. Here there are nine in all: the seven fundamental ones and the two domestic ones, i.e. the Guardian Angel and the Angel Protector of the House. By Antonio de Pereda, they form part of the most important ensemble still extant of decorative fresco painting of the 17th-century Madrid school.

This great staircase of the convent should be ascended slowly, making several stops to examine details and to see the whole from different viewpoints. Its construction is part of the original Renaissance mansion, but its decoration is Baroque. Painted in 1684 by Ximénez Donoso, Claudio Coello, Francesco Rizzi and Carreño de Miranda, this work – like the Chapel of the Miracles in the enclosed part – belongs to the style introduced in Spain by the Italian painters Agostino Mitelli and Michelangelo Colonna, specialists in *quadratura* who were brought to Spain by Diego Velázquez to decorate the reception rooms of the Alcazar and the Buen Retiro Palace in Madrid. Since these latter artists' works in Madrid have disappeared, we only know their art through those of their Spanish pupils. This staircase is a splendid example of their way of painting trompe l'oeil architecture and gloriously bursting aureoles on vaults and ceilings. "Torture for the neck muscles" is the description given by the neoclassical artist Francesco Milizia to this genre of painting, which obliges the viewer to raise his head and crane his neck in order to enjoy it to the full.

The programme of this ensemble is Christological in character. On the Renaissance arch, which formerly opened on to the staircase at the top of the first flight, we have the Crucifixion, surrounded by little pictures of angels bearing the symbols of the Passion. At its feet is the recumbent body of Christ and this whole simulated, and at the same time, real altarpiece is framed by a pair of vast blue curtains held open by angels. In front of this is painted a royal gallery, seated in which we see Philip IV, the ill-fated Prince Philip Prosper, his sister, the Infanta Margarita, and Philip's queen, Marianna of Austria. The presence of the king and queen proclaims the high rank of the convent and the continuance of the royal patronage. The imperial eagles in the pediments over the real or merely painted doors on the staircase, the angels or putti holding up the emblems and attributes of royalty, the groups of angels and the scenes like the *Noli-me-tangere* or the representation of John the Baptist, all go to make up an ensemble which should be interpreted in accordance with a concept of courtly religious culture which identifies salvation with the values of the Spanish monarchy. In the make-believe upward prolongation of the architecture, with its fictitious gallery of wreathed columns, we see the four theological virtues, the bases of the religious life which culminates in heaven with the Ascension of Our Lord. The allusions to the crowns earned by the virtue of the nuns attain their maximum expression in the medallion under a crown of flowers on the principal front of the staircase, which holds picture of St Dorothy, virgin and martyr.

Flanked by the medallions at the corners, which represent St Francis of Assisi and St Clare, this image of St Dorothy is an evident reference to Sister Ana Dorotea de Austria, Marquesa de Austria, the natural daughter of the Emperor Rudolph II. With truly imperial munificence, Sister Ana Dorotea was the great

Baroque-age benefactress of the convent, to which she presented many works of art and liturgical objects.

It is hard to tear oneself away from this great staircase, in which the predominant tones are warm reds mingling with cold blues. Nor are the courtly scenes in its paintings entirely devoid of anecdote. The very realistic deceit of a shelf of books or some flowerpots in a garden is completed by the cats walking across what seems to be a tiled floor in a chessboard pattern. Beside a secret door, disguised as part of the dado, there is a trompe l'oeil painted door. This play on appearances, so typical of the Baroque, was inevitable in a work of such pomp and importance. And even the convents were not immune to the charm of this art of wit and deception so popular among the laity of the age.

On reaching the gallery of the enclosed cloister, we may choose either to visit the numerous chapels with which its four sides are entirely lined, or to enter the palace part at the mezzanine level which held the cells for nuns of royal birth. Making a stop at each of the chapels means following the different itineraries of the nuns' particular devotions, making a pilgrimage (without having to travel) to distant sanctuaries, strolling through a holy city, touring a sort of Celestial Jerusalem. All the chapels, of course, have different dedications: Our Lady of La Peña, of France, of Guadalupe, Begoña, Los Desamparados, Monteagudo... or the Infant of Prague, St Joseph, St Michael, the Angels... Behind their wooden grilles most of the chapels have altars, sculptures, wall sconces and antique flower vases. For accumulation was the characteristic feature of domestic devotion in the Spanish Golden Age. In a convent so rich in donations as this one the abundance and variety of the objects of piety is hardly surprising. Sometimes a single work, as in the chapel of Our Lady of Guadalupe, is in itself an immensely varied repertoire of different elements in a unified whole.

Executed by the architect, sculptor and painter Sebastián de Herrera Barnuevo, this work consists of 68 panels with emblems alluding to the virginal virtues of Our Lady, painted in oils on mirrors which are mounted on a little altarpiece and on the facings of the chapel, not a single space being left empty. On other occasions the work in question might have been a masterpiece, like Fra Angelico's *Annunciation*, now in the Prado, which was replaced here in the 19th century by a copy of the Florence *Annunciation*, painted rather in the style of the Nazarener by Luis Madrazo. Today we can only imagine what this cloister would be like if it still possessed Fra Angelico's wonderful painting, given to the convent by the powerful Duke of Lerma.

A most singular chapel is the one known as the "Chapel of the Little Girls", so called because it provided entertainment for the young infantas while the nuns were busy tidying or decorating the other cloister chapels. Like a doll's house, it has everything on a scale suitable for children. Whenever the little infantas, sometimes with their younger brothers, visited the convent or stayed there for some time, they always enjoyed themselves enormously in this chapel. This divine toy, so to speak, reminds me personally of the little altar and other miniature pieces of church furniture that my great-grandmother bought in Cuenca for my father when he was a child. And that despite the fact that her husband was a civil engineer and the impresario of the Teatro Apolo in Madrid! But familiarity with sacred things comes naturally in an eminently religious country like Spain. In cities like Seville you may still see children organizing processions round the streets of their district with "floats" bearing the May Cross or erecting flimsy "play" altars with flowers and little candles. And Spanish children in the 17th or 18th century were accustomed to all things sacred and sacramental from their earliest years. On some occasions they would be dressed up with the clothes and attributes of particular saints, who would then become their patrons and models for them to follow. A canvas representing Don John of Austria dressed as a general at the age of thirteen is identified by the nuns with St Ermenegild, that adolescent hero of royal blood who died for the Catholic faith in the time of the Visigoths and who has been so intensely venerated by the Spanish army from the Baroque age down to the present. This is perhaps an extreme case of a childish enthusiasm for the sacred in conjunction with militarism.

A vast, gloomy hall in the form of a T, with its ceiling supported on great diaphragm arches, used to be the nuns' dormitory, but today it holds the series of tapestries by Rubens of which I will be speaking later on. Beneath the tapestries one can still see the crosses and the traces of the divisions between the "cells", in which the nuns were separated form their neighbours by only a half-height partition and from the central passage by no more than a curtain. The floor was of tiles and the beds of stonework. The austerity could hardly very well have been greater. But in 1969 the nuns were transferred to new sleeping accommodation, with a view on to the garden at the other end of the dormitory. From the old dormitory one gains access to the chapels hidden in the most intimate part of the enclosed section: the Chapel of the Dormition or Passing of the Virgin, the Little House of Nazareth or Chapel of Loreto, and the Chapel of the Miracles. Of some interest in the first is the glass sarcophagus in which the figure of the sleeping Virgin awaits her Assumption. Ranged round the space are sculptures of the twelve Apostles and the ceiling is painted by no less a personage than Luca Giordano, that Neapolitan artist who came to Madrid in the late 17th century to complete the pictorial decoration of the reception rooms in the Alcazar and the Buen Retiro Palace. In the Chapel of Nazareth we see a reproduction of the little house of the Holy Family which the angels are said to have carried through the air from Nazareth to the Italian town of Loreto. Pictures of the Virgin and images allusive to her give a particular charm to this chapel, with its space almost entirely occupied by a very large model of a gabled house, which forms a closed precinct apart from the rest of the convent. In many convents we may find such Houses of Nazareth, so that when one of the nuns feels the desire for an even more secluded life she may have somewhere to make a brief spiritual retreat from time to time. The convent is a city within the city, the House of Nazareth a hermitage within the convent.

The Chapel of the Miracles is perhaps the most highly-prized and splendid jewel in the convent. It was a present from Don John of Austria to his daughter in the community and, like the staircase described above, one of the greatest masterpieces of Baroque decoration in Spain.

Dedicated to Our Lady of the Miracles, and presided over by her image painted by the Valencian artist Pablo de San Leocadio, its building marked the high point in the pious veneration of the royal family, who owed this Virgin such favours as the celebrated cure of the Infanta María Teresa, the future queen of France and grandmother of Philip V. According to Father Juan de las Hebas, who published a "*Brief history of the portentous image of Our Lady of the Miracles*", this chapel was "in its small space a very Escorial of marvels". The hyperbole is not particularly exaggerated for its time. The decoration was carried out by José Ximénez Donoso, Francesco Rizzi and Dionisio Mantouano. In commissioning it Don John of Austria – that "Don Juanísimo" who was on friendly terms with innovators and liked promoting new ideas – showed in this his munificence and unerring taste.

Consisting of two squares, a little antechapel with a lower roof and a rather higher oratory with a dome, the ensemble is particularly notable for its fresco decoration. Its walls are covered with scenes from the life of the Virgin and the childhood of Jesus, but the most remarkable feature of the whole is the chapel's framework of trompe l'oeil architecture, in which we see feigned perspectives of ornate colums with simulated statues of the Theological Virtues. On the pendentives there are the busts of St Francis of Assisi, St Anthony of Padua, St Clare and St Margarita of Cortona, this last an allusion to Sister Margarita de Austria, to whom her father had given the chapel. In the altarpiece, flanked by two figures of angels, stand the elegant statues of St Margarita and St Dorothy – the patron saint of Sister Margarita's cousin, also a nun here – carved by Luisa Roldán ("la Roldana"), the famous Baroque woman sculptor from Seville. High above all this, the dome represents the coronation of the Virgin, accompanied at its three cardinal points by the archangels St Michael, St Gabriel and St Raphael. Perhaps the most curious detail is the simulated window, opposite the real royal gallery, behind the panes of which we see King Carlos II and his half-brother looking into the chapel with great attention. This chapel, a hidden marvel in the enclosed part of the convent, may well be envied by any of the Baroque churches in Madrid.

The story of the birth of Sister Margarita de la Cruz y Austria, and of how she became a nun, deserves to be told. A romantic writer would surely let himself go on such a task, but I prefer to give the bare facts. In 1647, at the age of nineteen, Don John of Austria was sent to Naples to suppress the popular rising led by Masaniello, and the first thing he did on arriving was to visit the studio of the celebrated painter Jusepe de Ribera (Lo Spagnoletto), in order to commission an equestrian portrait of himself – which now hangs in the Royal Palace of Madrid. On his visits to the studio he met the painter's daughter, María Rosa Ribera, who was posing alternately for representations of the Immaculate Conception and St Maria Egipciaca. The young Don John fell in love with the beautiful girl, who returned his passion, and the result of their affair was a little girl. As marriage was out of the question, considering the great social difference between the two lovers, María Rosa entered a convent and the child was sent to Madrid to be brought up in a style befitting her rank as a person of royal blood. It seems that Ribera, by then quite old, never recovered from the blow. From a note or despatch written by Barrionuevo we learn that the little girl, "who was being bred up by the Conde de Erill [...], was placed by His Majesty with the Discalced Carmelites, about four days ago, after great competition between the Incarnation and the Carmelites as to which of them should have her". It seems incredible that there should have been such a struggle between the two communities for possession of this natural daughter of Don John.

Madame d'Aulnoy, always excellently informed of all the Madrid gossip, tells us that the beauty of Sister Margarita "is admirable and that she has never felt the slightest desire to take the veil; but this was her fate, as it was that of many other young women of her rank who were equally reluctant to accept their forced enclosure". This French lady, however, though accustomed to a society in which women were much freer, was not at all surprised by the story, for at the beginning of her travels in Spain an Andalusian friend, the Marquesa de los Ríos, in speaking of Las Huelgas in Burgos, had told her what went on in the Spanish enclosed orders.

At the age of six poor Sister Margarita became a novice, at eighteen she took her final vows and at thirty-six she died. A short life, and one spent entirely within the four walls of the Discalced Carmelites. And this was a history that certainly repeated itself. Her father, Don John of Austria, was the bastard son of Philip II and the actress known as "La Calderona", who ended her days as a nun in a Benedictine convent in the province of Guadalajara. And Don John – who, on account of his own bastardy, never married – had two other natural daughters who likewise became nuns, one in Madrigal and the other in Brussels; and the mother of these two took the veil finally in the Carmen convent in Madrid. It was, therefore, normal for these fleeting, furtive amours of royalty to lead to the convent, which might perhaps be interpreted as the frustrations of a whole life being sublimated in the divine.

The remaining part of the enclosed section – including the cell or "little house" of Sister Margarita de la Cruz, the Empress's daughter, with its double attic, the spacious Chapter House, well lit by windows giving on to the convent garden, and what is called the *candilón*, which is a room where the nuns can warm themselves a little on really freezing winter days – is crammed with pictures, sculptures and objects of devotion, such as fiures of the Child Jesus, Neapolitan cribs or nativity scenes, mother-of-pearl caskets and so on. The "Kings' Drawing-room", outside the enclosed part and formerly used for royal visits, is interesting for the remains of the Mudéjar plasterwork from the original mansion and a gallery of portraits of members of the royal family. An extension of our tour to take in the adjacent rooms – now housing a museum – is like a visit to any normal art collection. Besides Flemish works like Brueghel the Elder's *Epiphany* we can find paintings as important as *Caesar's Coin*, by Titian, which formerly hung in one of the chapels. But particularly worth a visit is the chamber used as a reliquary room. This is a sort of improvised chapel in which the innumerable chests, caskets, vases and frames holding the relics are ranged in serried rows reaching from the floor to the vaulted ceiling. The Spanish Hapsburgs' fondness for all sorts of relics is very evident in this veritable *lipsanothèque*. It was catalogued by José Pellicer towards the end of the 18th century, according to Nicolás Antonio in his *Biblioteca Hispania Nova*. The most outstanding piece of metalwork here is the beautiful silver-gilt chest made by the German silversmith Wenceslaus Gammizer, at one time part of the furnishings of the nuptial antechamber of Anna of Austria, Philip II's fourth wife, who presented it to the convent as a receptacle for the remains of St Victor.

The church, with the processional cloister, is in the public part of the convent. Remodelled in the 18th century by the architect Diego de Villanueva, its most important feature is the marble tomb of the founder, by the sculptor Pompeo Leoni. Unfortunately, a terrible fire in 1862 destroyed the altarpiece in the high-altar chapel, a work by Gaspar Becerra, who was also responsible for the altarpiece of a little side altar, which is an image of St Sebastian painted on the marble. The present altarpiece on the high altar is the one that was formerly in the apse of the church of the Jesuit Novitiate, in the Calle Ancha de San Fernando, which in the 19th century became the Assembly Hall of the Central University of Madrid.

The façade of the church, arranged in smooth stone surfaces on brick facings, is of a "noble simplicity" that contrasts with the more elaborately ornamented front of the mansion, as converted for conventual purposes by Antonio Sillero. Opinions differ as to the architect responsible for the façade of this church, the date of which makes it the first classicist façade in Madrid. Some historians hold that it was the work of Juan Bautista de Toledo, the first architect employed on El Escorial, while others are of the opinion that it was designed by the Toledan architect Nicolás de Vergara the Elder. According to the American writer George Kubler, it was designed by the Italian engineer Francesco Paciotto, who was summoned to Spain by Philip II in 1561 to do the plans for the church of El Escorial. Whoever its author may have been, it is a work which heralds that sober classicism that predominated in Madrid from the beginning of the 17th century until some fifty years later.

Seen with the little square formed in front of it, before the disappearance of the church of San Martín on the one hand and, on the other, the archway over the street that joined the convent to the Hospital of Mercy, this façade of the church of the Discalced Carmelites must have looked more impressive, though in the opinion of a Florentine visitor, Cosimo de Medici, it had nothing in particular to distinguish it from any other of the Madrid churches.

The high points in the liturgical calendar for the convent of the Discalced Carmelites are attained every year in the processions of Good Friday and the Octave of Corpus Christi, which take place in the convent's public cloister. The recumbent figure of Christ carved by Gaspar Becerra, which is kept in the enclosed section during the rest of the year, is then carried round the cloister on raised platforms borne by priests. Covered with a veil of the finest transparent silk, a peculiar feature of this figure is that it has a tiny monstrance with the Sacred Host in the interior of the wound in the side, so that only consecrated priests can be permitted to carry it.

With the conversion of the thoracic cage and the transmutation of the body and blood, the Christ of the Discalced Carmelites becomes the culmination of realistic religious imagery. This special privilege dates from the 15th century, when María Enríquez, Duchess of Gandía (the celebrated "Madwoman of the Sacrament"), begged it from her husband's father, Pope Alexander VI, for the Poor Clares of Gandía. From these nuns it passed to the Discalced Carmelites through the mediation of the Borja family – so closely connected, as we have seen, with the latter foundation. In the procession of the Holy Burial on Good Friday three altar boys wearing black wimples act the parts of the three Maries, their plaintive falsetto voices singing laments for the death of Christ. Then comes silence, broken only by the muffled sound of the platforms passing slowly along. The tranquil air of the cloister seems to quiver with tragic emotion during this procession.

Every year the nuns used to ask the authorities of the Alcazar to lend them some tapestries to decorate the bare walls of the cloister galleries on these solemn occasions. Finally, in order to make the nuns self-sufficient in this aspect, the Infanta Isabel Clara Eugenia, Governor of the Netherlands, commissioned the great painter Peter Paul Rubens in 1626 to paint the cartoons for the series of tapestries which now hang throughout the year in the former dormitory of the nuns and which are used during Holy Week for decorating the cloister and during Lent to cover the high altar of the church.

Executed in different workshops in Brussels, these tapestries form what we might call a woven procession, a dynamic, uninterrupted sequence of triumphal chariots, exalting the apotheosis of the Eucharist and the victory of the Catholic Church over paganism and heresy. Thrusting chariot teams, lions, eagles and prophets of the Church all mingle together in this tumultuous throng. The vitality and prodigious power of Rubens' art imbue this sacred cortège with a titanic, superhuman vigour. Besides, the brilliant use of colour and the abundance of intertwining curves in the composition give this exalted pictorial poem an intensity seldom equalled before or since. Divine Love, Faith, the Truth of the Eucharist, the Mosaic Law, etc. parade on their chariots laden with symbols of a prophetic and dogmatic character. The chariot of the Church stands out above all the rest, with its robust matronly figure trumphantly bearing the monstrance with the Sacred Hosts. Only the great *Autos Sacramentales*, or mystery plays, could compete with these tapestries, so poetically extolled by Fray Hortensio (Félix Paravicino). They caused a sensation in Madrid when they were first shown, and they undoubtedly constitute the greatest artistic treasurer of the Discalced Carmelites, these quiet nuns who possess so many masterpieces in their rich convent.

The triumphal clamour of the Rubens tapestries gradually dies away as one makes one's way through the silent rooms of the convent. And when the visitor finally comes out into the street once more, it comes as a shock to find himself immersed again in the vibrating noise and nervous bustle of modern Madrid.

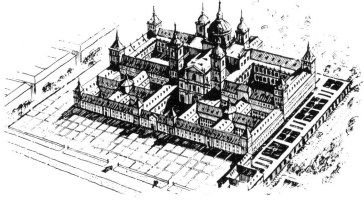

Interpretación de cómo pudiron estar dispuestos los volúmenes en el primitivo modelo en madera.

EL ESCORIAL

Of all the monasteries and convents in the Spanish *Patrimonio Real*, or "National Trust", El Escorial has always been the most highly-ranking and important, not only for the size and majesty of the building and the treasures of art it contains, but also on account of the very significance of its foundation and history. An exceptional work from every point of view, it is the only foundation of monks belonging to the Patrimonio as it is now. The manly gravity of its monks and the effect of the rigid court etiquette of the Spanish Hapsburgs have made it from its very foundation an example of eremitical spiritual life and a symbol of aloofness from the common herd. Citadel of the Catholic King, Royal Palace and Mausoleum, Monastery and College, Temple erected to the glory of God and personification of a monarchy that was always the champion of orthodoxy, El Escorial is a paradigm of the Catholic faith and of political power. In contradistinction to the discreet convents of the nuns, in whose shadowy interiors the intimacy of the royal family was concealed and sheltered, El Escorial was at once a solitary retreat for its founder and the public setting for his greatness. A thoroughly representative building raised by the most powerful sovereign on earth, on whose dominions the sun never set, the monastery of San Lorenzo – *Domus regia, Domus sacerdotum* and *Domus Domini* – is the symbol of a theocratic and universal monarchy. Visited by foreign travellers and diplomats, as well as nobles and great men of the Empire, from its foundation El Escorial was an object of interest to Spaniards and foreigners alike. And Philip II's successors were perfectly aware of the important, essential role in the world of a building which was at once a political symbol and an archetype in architecture. We need hardly be surprised, therefore, by the words of a member of Philip IV's court, Luis Méndez de Haro, who told the king that in any new acquisitions of works of art for El Escorial they should be careful to exclude works lacking in quality, since the monastery was "a theatre which is visited all the year round by so many foreigners, who admire it as so great a marvel". The culmination of a tradition so long that it really goes back to the early Middle Ages, in the little kingdom of Asturias, when the first kings of the Reconquest built their palaces side by side with the monasteries, El Escorial is the archetype of the palace-monastery-royal mausoleum, as well as a centre of learning and training for the apostolate. Next to the suites, or indeed palace, intended to house the king himself we find the church – a building designed to be rather a temple of Solomon or sanctuary of the divinity than merely a place for the congregation of the faithful. Under its high altar is the Royal Mausoleum, the pantheon and sepulchre of Philip himself, his father and his descendants. Apart from the religious community, which is of a contemplative nature, devoted entirely to prayer and the worship of God, there is the college or seminary for the boys of the choir school, and also the library, housing a magnificent collection of books, manuscripts and scientific instruments. The Hieronymites were the order first chosen to be the guardians of knowledge here, converting El Escorial into the palace-monastery of super-learning. With its building completed by a hospital, which is famous for the sunny situation of its convalescent gallery, and by outbuildings for agricultural purposes, such as the Chapinería and others of the kind, the monastery constitutes a world apart. With its universal ground plan, presided over by a great sense of unity, its rational layout is like a synthesis of what all the great monastic buildings of the past had been.

In building El Escorial and thus fulfilling the vow made after the battle of St.-Quentin, Philip II – who spent his whole life obsessed by the idea of rebuilding fallen churches, purifying desecrated temples and fighting against heresy – did not only satisfy his other desires but also enjoyed being a zealous, scrupulous superintendent of the correct execution of liturgical ceremonies.

It was under his vigilant eye that his many helpers carried out not only all the building work of the monastery, from the first stone in 1563 to the last one in 1584, but also the decoration and ornamentation of even the smallest room, the daily placing of the utensils on the altar and even the planning and arrangement of the various divine services. In the words of the historian Baltasar Porreño, whose uncle, Francisco de Mora, was the architect who finished El Escorial, the monastery was "a great house in which day and night they sing the divine praises, with a perpetual choir and divine worship, prayer, charity, the study of literature, strict observance and the utmost in religion". A world complete in itself, it was an absolutely totalizing universe. City of God, Temple of Solomon and Celestial Jerusalem, it was at the same time the materialization of the religious spirit of Philip II, that champion of the Counter-Reformation, kingly chief of priests and unswerving mentor of orthodoxy.

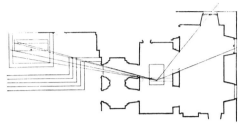

Father Sigüenza, librarian and several times prior of El Escorial, dedicated the third part of his "History of the Order of St Jerome" – a book remarkable for some of the finest prose in classical Spanish literature – to the foundation, building and description of the great monastery. In speaking of the search for a suitable site, he stresses the care Philip took to find the site most suitable for "the building he had in his mind and heart". For El Escorial is really a building conceived entirely by the king himself. The idea and plan for its construction emerged from his brain when he was only thirty years old, perhaps as a materialization of a melancholy impulse to the solitary life, a pessimistic aversion to the world inherited from his father, Charles V, who retired to the monastery of Yuste, and from his grandmother, Joan the Mad. El Escorial was the home Philip II deliberately built for himself to live in, at first provisionally and later all the time. Few mortals can equal him in building such an enormous house for himself in the course of his life – and for his death. A year before his death Philip II saw his father's and his own commemorative statues, by Leone and Pompeo Leoni, placed in the sanctuary. From his bed, of course, he could see the group of praying figures representing his father, his mother and his aunts. For, as everybody knows, Philip had his own bedroom built next to the sanctuary of the church of El Escorial, with a window specially opened in the wall between, so that he could attend the services taking place on the High Altar without getting out of bed. And it was in this very room that he died, at four o'clock in the morning on 13th September 1598. The choirboys were chanting the first mass of the morning, that "Dawn Mass" that had on so many dawns awakened with its singing the king who was now giving up his soul to eternity. It was an appropriate observatory for this prudent, suspicious king, who was so powerful that he could dispense with everything at will. As has been very rightly observed by Chueca Goitia in a study entitled "El Escorial through the Spirit of its Founder", El Escorial is "one of the most formidable human confessions: the transcendental autobiography of this man who never wanted his life to be written because he thought such a proceeding would be culpable vanity". And this king who, like Philip of Macedon, was never seen to smile, this man who was so weak and hesitant, though enjoying supreme power, built El Escorial, as Baltasar Porreño said, "with the intention of never leaving it but using it as a watchtower from which to contemplate the waves of the world". By attending the services of the monks in the choir every day and living in as austere a manner as any of them, he who was their chief and almost high priest sought the most absolute retirement. Father Sigüenza tells us that it was Philip II's desire that the monastery "should be outside, and even far from, any town [...] and that whenever he wished to retire from the noise and bustle of the Court, the place itself should help him to elevate his soul in pious meditations". On these solitary spurs of the Sierra de Guadarrama Philip found the most suitable place for building his inner castle, his spiritual fortress. Once the building was planned to the satisfaction of his solitary soul, he "worked it as the silkworm works its cocoon, and finished up dead inside it". To what enormous expense was the king put to live as though dead, for or in death. This concept of the silkworm is also used by Luis Cabrera de Córdoba and by Fray Hortensio (Félix Paravicino), who tells us in brilliant metaphors that he:

"Made this beautiful cocoon,
Of so many rosy hues and ribbons,
Where, dead among trumpets and banners,
He attained with peaceful victory
Peace for his kingdom and glory for his life."

The rustic mayor of Galapagar, on being asked his opinion of the great undertaking when the work of building El Escorial had just begun, answered: "The king will plant his nest here, like the nest of a caterpillar consuming this land, but let the service of God come first", which was a fairly pessimistic and fatalistic reply. Ecologically, El Escorial was a great disturbance of nature and its installation meant a transfer of much land to the community. Farmers and stockbreeders alike had to submit, against their own interests, to the king's will. Thus in that rugged countryside, after the arrival of numerous teams of workmen and operatives, the building rose rapidly on what had been a sloping field of rockroses, with the slope of the mountain behind protecting it from the north wind. Raised in stone on a stone platform, El Escorial is a building planned for eternity. A world apart and different from its natural surroundings, its stony rectangle stands out almost defiantly, emphasized by the spires of its towers, the dome of its church, the clean volumes of its severe geometry. Eremitical and isolated within its four corners, El Escorial, all compound of clean, underlined edges, is an almost metaphysical building, a polyhedron cut like a diamond. On its base with the arches that give a false impression of being an entrance front, the building – first planned by Juan Bautista de Toledo and later remodelled by Juan de Herrera – rises with a sort of rationalistic purity in which, at first sight, it seems impossible to find a flaw, though in fact there are numerous contradictions in the building as it is today.

From the beginning of its construction the idea took shape of a granite building on a granite platform and in the middle of a granite landscape. A truly immense mass of stone, absorbing the labour of many workmen and master builders, provoking problems and strikes, requiring in its construction not only the transport of materials from quarries near and far but also special carts, cranes and apparatuses, and even some forms of prefabrication, El Escorial was an enterprise that demanded hard, continuous work from all concerned, one which only a man with an obsessive will like Philip II would have been capable of seeing through to the end. The immense monastery was at first the object of much murmuring and criticism on account of its exorbitant size and excessive cost. But apart from any defence of the royal magnanimity there can be no doubt that it is a model work of its kind.

El Escorial was apreciated by its contemporaries above all as an archetype and as the maximum in architectural exemplarity. In Father Sigüenza's words; "...then, on crossing the threshold of the principal doorway, one begins to discover a great majesty of a kind unusual in Spain, which for so many centuries had been buried in the barbarity or grossness of the Goths and Arabs". A distinguished construction in his opinion, it was "the honour of the kings of Spain", thanks to which "our nation emerged from an infinite rusticity". So also thought the silversmith and writer on art Juan de Arfe, who wrote that El Escorial, then still under construction, "had brought the art of Architecture into shape". While for many El Escorial was a building in which the precepts of Vitruvius were faithfully mirrored, for others it was the maximum model, since its architecture was comparable only to that of the Temple of Solomon. "The Wonder of the World" it was called by Juan de Caramuel, the Cistercian writer on Baroque art who wrote *Arquitectura Recta y Oblicua*.

According to Caramuel, just as Michelangelo had taken the Pantheon in Rome as his model, as the book in which he studied architecture, so Philip II had built El Escorial "to instruct posterity", so that it might serve the architects of the future, there being much to learn from it not only for the "free architects" but also for "those of the Vitruvian sect: much to imitate, nothing to find fault with". For the

Hieronymite Father Francisco de los Santos, who was prior of the monastery in the reign of Charles II, the building was not only the "wonder of the world, eighth in time but first in its power to astonish", but also an "urban and political mountain of cultured and innumerable stones".

The English writer René Taylor, in his very important study entitled *Architecture and Magic: Considerations on the "Idea" of El Escorial*, as also in *Father Villalpando (1552-1608) and His Aesthetic Ideas*, has shown how, in the conception of El Escorial, use was made of the Hermetic sciences, Neo-Platonism, astrology, Lullism and magic. An emigma-building, El Escorial is not only the emblem of the Counter-Reformation but symbolic architecture *par excellence*.

The secret it contains – the ceremony of the placing of the first stone, its tracing with cabbalistic signs, its alignment on a strictly-drawn axis from the library, passing through the high altar to the royal throne room, and a thousand other details – can be revealed through numerous indications figuring both in the plans and in paintings in different parts of the monastery. Both Philip II and Juan de Herrera had books on accult sciences in their libraries. Juan de Herrera, in fact, was the author of a "Discourse on the cubic figure" in which he showed his adherence to the ideas of Ramon Llull. And in the fresco by Luca Cambiaso that decorates the vault of the upper choir in the church the figure of God has a cube under its feet. In the iconography of the library, too, we may find all the symbols which initiate us in the higher learning. As regards the Temple of Solomon, that temple of all temples and for the Christian the culmination of all architecture. there is one very important reference. The Jesuit Juan Bautista de Villalpando published, in Rome, an ideal reconstruction of the Temple of Solomon. And Villalpando, a pupil of Herrera, takes El Escorial as his model, a building with which Father Sigüenza had already established the same comparison.

A building sprung from a single idea and most single-mindedly carried out, raised in hard, firm material and with an architectural symbolism that has been expressed even in the general plan, which is that of the grill on which St Lawrence was martyred, El Escorial deserves careful study in its interior. On the outside an enormous cube that boldly states its presence in the landscape with the elemental force of its geometry, on the inside it becomes a great container. It would be impossible here to describe all its parts: the courtyards, the staircases, the rooms, the spires... Everything in it is subjected to a rigorousness predating and heralding Descartes. Nothing is left to chance. The king watches and checks every phase of the work, from the very first conceptualization to the specific accomplishment. Architects, master builders, carpenters, decorators, etc., all know that they can do nothing unless it has been approved by Philip II. In El Escorial the monarch found room for all his fetishes. One of them, of course, was that of sacred relics: 7,422 relics of all shapes and sizes, brought here from all over the world and sometimes only obtained after the most arduous searches, made El Escorial by far the greatest collection of such things in tis time.

Much the same may be said of the library, regarding which Antonio Tovar tells us that "Philip II persisted in collecting books around his tomb in El Escorial, without realizing that the Order of St Jerome, undoubtedly much in decline since that brilliant age in which it had produced such luminaries as Fray Hernando de Talavera, was not really capable of making any good use of those treasures". Not even the influence of Arias Montano could do anything to remedy this. With the exception of Father Sigüenza, the Hieronymites were not prepared to burn much midnight oil over the books in their libraries or, indeed, any other books. The king, however, was an enthusiastic promoter of this very important part of the building, which thus became a veritable temple of the highest learning and wisdom.

On the day of the most solemn consecration Philip II gave orders to close the grilles between the main part of the church and the narthex or vestibule. In this way the ordinary people could not participate in the service, which was reserved for the community and the king. From the Kings'

Courtyard outside, however, the faithful congregated there could see the relics shown from the chapel opened in the façade, above the doorway. The soldiers who formed the royal escort could also attend, in the open air, the sacrifice of the Mass being celebrated in that little chapel. King Philip II, who, like a Byzantine emperor, liked to surround himself with the members of the higher clergy under his orders, had conceived the church and the interior of the monastery in general as a place reserved for his most absolute functions of power. The duality of religion and politics, like that of magic and religion, belonged to the personal universe of the king, who had built this monastery as a ritual space, closed to the common people. And today El Escorial isd still a secret, mysterious world for the visitor, who does not know what to admire most: the church, the large cloister of the Evangelists, with that little central temple which is the true model of a centred building, the staircases, the sacristy, the chapter house, the royal mausoleum, the "Hall of Battles" or Philip II's own room. When he reaches the collections of painting, however, which are still very important despite the monastery's sacking by Napoleon's troops and the later losses of pictures to the voracity of the Prado, or the great number of liturgical objects which Philip II commissioned with meticulous attention to detail and a magnificent disregard of expense, our visitor can only admire and marvel.

El Greco, Hieronymus Bosch, Titian, Velázquez and many other great artists are represented here, and by some of their very best works. In El Escorial everything is astonishing and overwhelming. Even the ashlars of the walls are all the same size and dressed in the same way. The steps on the staircases are made of a single, magnificent piece of granite. In the royal palace there are German doors covered with rich, intricate marquetry; and on the doors all over the monastery the handle is a little classical column. Everything is architecturalized, nothing left to chance. The building is total, integral, created for the Saturnian and rather dry pleasure of the intelligence. In El Escorial Philip II, so knowledgeable about and fond – or, rather, enamoured – of architecture, created an astonishing and wholly unique work.

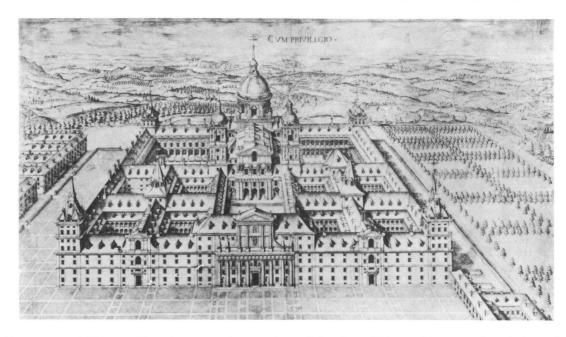

The Baroque additions, like the grim decoration of the Royal Mausoleum or the shrine-altar of the Sacred Host in the Sacristy, deserve analysis by an art historian. Perhaps they form a counterpoint which breaks the over-formal rigour of a building in which the scheme of cube, pyramid and sphere can begin to seem excessive to some people. On the altar of the Sacred Host, with its rather theatrical raising and lowering device, the most important part is not the interior – though that, too, is well worth seeing – but the picture by Claudio Coello representing very realistically, as though the canvas were a virtual prolongation of the sacristy or a reflection on the polished surface of a looking-glass, the ceremony (which took place on that very spot) of public atonement for a serious profanation committed by some courtiers for political reasons. This work is a miracle of the painter's skill. The scene in which we see the king, the repentant gentlemen and the monks of the community in attitudes of adoration before the Sacred Host is so vivid that we feel as though we were actually present ourselves. The very light of the picture seems to mingle with that of the surrounding air. When the picture disappears, lowered by the device I have mentioned, it is the Baroque chapel itself that shines forth, with its polychrome jaspers and marbles and the bronze crucifix by Pietro Tacca hanging over the little Neogothic shrine – a present from Isabel II – that contains the monstrance with the miraculous host profaned by a heretical soldier in Gorcum (Holland), which came into Philip II's possession as a present from a noble Spanish lady residing in Prague.

Despite the innumerable fires suffered by El Escorial, almost always caused by lightning during the frequent mountain storms, throughout the centuries the building has remained unimpaired, the very image of firmness and permanence. The well-known writer of fables, Tomés de Iriarte, commented on this with his usual incisive wit:

> "It seems that a saint
> Tuaght this house how to burn;
> And to triumph over flames
> It has learnt from him too."

A really disastrous event, however, was the fire in 1671, which turned the monastery into a vast sea of flames. The community looked on helplessly as those flames devoured paintings, furniture, books and manuscripts of every kind. Teams of men came from villages as much as six leagues away to help in the work of clearing away the huge heaps of débris. But the fabric of the building, consisting of hard granite, withstood the onslaught unperturbed.

Another glorious chapter in the history of this monastery is its music. From the very beginning Philip II took pains to provide all the necessary means and to draw up regulations for the musical activities of the religious community. The king's erudite leanings led him to amass a very large library on this subject. Indeed, his acquisitions of extremely important manuscript scores are commensurate only with his enormous power. With his Chapel of Music and his collection of instruments – eight organs in the church and two carillons in the towers, as well as other pieces – they turned El Escorial into a musical centre of the very first importance. Philip II, who in his last years used to spend all his free time between the library and the choir, gained immense satisfaction from poring over newly-acquired manuscripts or listening to the chapel of music. There are various anecdotes that reveal his interest in music, such as the time when he was surprised by the abbot jumping through a window in the choir, like any naughty little boy, to see a new volume of plain chant; or the occasions when he was seen to weep with emotion as he listened to certain liturgical anthems. When he died, as I have said before, the choirboys were singing the first morning Mass.

Thus the life cycle of Philip II came to its end with music. His descendants maintained the brilliant musical tradition of the monastery, which throughout its history has been associated with many notable figures in this art, whose biographies figure in the *Memorias sepulcrales* of the Hieronymite community. Undoubtedly the best-known of all is Father Antonio Soler, who, apart from all the masses, lamentations, Misereres, responses, offertories, vespers, hymns, offices for the dead and other pieces written for the monastery, owes his greatest fame to his six concerti for two organs, which were written to be played by him and his pupil, the Infante Gabriel, Carlos IV's brother, on the organs placed symmetrically in the transept of the church of El Escorial.

The monastery is still very much alive today. After the expulsion of the Hieronymites, following the Secularization Act of 1837, a period of abandonment began which was finally remedied by the Piarists, who re-established the college in the monastery. But the real restoration of monastic life was encompassed by Alfonso XII, who entrusted the monastery and the college to the Augustinians, monks of a contemplative order who revitalized and increased the intellectual credit of this great institution. Among the modern pupils of the college, which was enlarged in 1892 to give it a section of higher studies at university level, was the writer and politician Manuel Azaña, president of the Second Spanish Republic. In a more or less autobiographical work entitled "The Garden of the Friars", and in speaking about his arrival at the college, he says: "I awoke to find myself in El Escorial, where the only impression I formed that first day was that I had wandered into a country of astonishing magnitudes". Though Philip II had at first thought of a monastery with only fifty monks, he very soon changed his mind and gave orders that their number should be doubled at least. When the work had already begun, in accordance with the plans drawn by Juan Bautista de Toledo, it was Fray Antonio de Villacastín, the master builder in charge of the execution of the whole, who hit on the solution to the problem facing the architect Juan de Herrera, who, without modifying the ground plan, had to double the height of the front part of the building, giving it, as they said, "redoubled majesty and grandeur" – that grandeur which undoubtedly impressed all those who saw it and, possibly even more so on account of its "astonishing magnitudes", those who lived in it.

In this respect that text by Azorín in which he describes the aged Philip II emerging by a wicket door from his apartments in the "immense building of grey stone" is remarkably penetrating. Today, when we see one of the monks going up the majestic imperial staircase, we are made aware of the great contrast between his human scale and the exorbitant scale of the architecture all around him, proportioned in accordance with the lofty ideals of the founder.

Studied by historians, described by travellers, sung by poets and meditated upon by philosophers and thinkers, El Escorial has caused more ink to flow than any other building in Spain. The pure geometry of its mental and ideal composition has always aroused an intellectual attraction ranging from mere erudition to the most widely-varying and contradictory interpretations. A pole that can attract or repel, it is a touchstone to the aesthetic and moral character of those who view it. Nobody remains indifferent to a building so representative and symbolic of architectural abstraction, dream and thought together turned into stone for eternity. The building which the French Romantic Théophile Gautier described as "an architectural nightmare, a desert of granite", which with its smooth walls seemed to share the ideals of a hospital or a prison, could hardly be expected to appeal either to Chateaubriand or to Victor Hugo, both admirers of Gothic cathedrals. It was left for a later generation of French travellers, anxious for the dramatic, to praise it. Maurice Barrès came close to the truth when he said that El Escorial is the antithesis of the exuberant, sensuous plenitude of Andalusia. The crushing slab of bluish granite of this monastery-palace-tomb has all the attractions of the death it holds in its entrails. Pleasure can have different aspects. This king, who possessed everything, could only find satisfaction in renunciation, in the pleasure of shutting himself up in his own tomb. Those who visit the sumptuous Royal Mausoleum – which Philip II wanted to be like the catacombs – and stop in front of the temporary vault, can feel themselves brushed against by that shudder caused by the proximity of the grim reaper's scythe, that great leveller.

According to the historian Joseph Ryckwert, Philip II and his architect, Juan de Herrera, conceived "the building of El Escorial as the materialization of a complex and extensive spiritual exercise". The result is to take the viewer to a limit situation, confronting him with the house he built with the intention of making it both the dwelling of his life on earth and that of his life after death – a *post-mortem* house, in a word.

The "enormous stone" is nothing more than "just another stone", which sums up the harsh panorama of "austere, penitent Spain", according to José del Río Sanz. The "towered, vertical plain" of the sonnets of stone of Dionisio Ridruejo and the "serenely standing lily of stone", in the memory of the exiled Luis Cernuda, are other lyrical effusions prompted by the "lyrical stone", the "metaphysical stone", of El Escorial. It does not matter that Unamuno, in one of his characteristic debunking remarks, once called it "a great historical artefact [...], that horrendous mausoleum that look like a warehouse for underclothes". The cavern madness, the "granite gridiron", that "vast cave built by the hands of submissive men and with compasses, T-squares and plum lines, that scholastic and dynastic cavern, erected according to precise plans", lit with the light of one sad candle "by the unlucky fate of the Spanish Hapsburgs", repelled Unamuno, though on other occasions he was heard to praise the architectural bareness of the superb building of El Escorial. But the text that has proved most popular with the intellectual world is undoubtedly Ortega y Gasset's *Meditación de El Escorial*. The "supreme stone standing out among the surrounding masses by reason of the greater fixity and polish of its edges" was to that Spanish philosopher a gigantic flint waiting for a generation "worthy to take from it the spiritual flint", an enormous profession of faith which affirms and hieraticizes the expression of a huge, exorbitant effort, a petrified proof of "a soul that was all will, all effort, but devoid of ideas and sensibility". The exuberance of the Spaniard's blind, brutal impetus and a reflection on history come between El Escorial and Ortega when he meditates on this building, the transcendence of which nevertheless goes beyond a "pure" effort.

In evoking El Escorial I should like to draw the reader's attention to three visions which are different in time and spirit. The first is the poetical image we find in a sonnet by the great euphuistic poet Luis de Góngora, which begins with the lines:

> "Sacred, lofty, gilded spires,
> The clouds' red glow effacing,"

and ends on a grave, funereal note, with

> "May time long spare, the Parcae being kind,
> The beauty of this World's Eighth Wonder,
> The years of this Second Solomon."

At the beginning of his poem Góngora is undoubtedly referring to the gilded balls, now vanished, that in his time crowned the spires of El Escorial, those spires which were so characteristic of the architecture of the Spanish Hapsburgs and which during the dictatorship of Franco – in buildings like the Air Ministry in Madrid, for instance, by an architect called Luis Gutiérrez Soto – became symbols of that régime's hankerings for a return to "Imperial Architecture".

The second vision is the one we find in the pictures of Michel-Ange Houasse, a French painter who worked for the court of the first Bourbon king of Spain, Philip V. In a series of little canvases this delicate artist presents us with an Escorial that has ceased to be a dour, forbidding monastery and become a pleasant royal residence, used by the court in summer. His representation of the building and the surrounding countryside is a prodigy of refined sensibility, capturing perfectly the Velázquez-like light of the sierras.

The immediate surroundings, so clear-cut and aggressive at certain hours, are considerably softened in these works and the powerful presence of the building itself is lightened with subtle touches of colour. The architecture, without losing its consistency, is integrated into the framework of nature. A pre-Impressionist painter, Houasse astonishes us today with his modernity. Personally I find his view a great contrast to the one I have had myself so often since childhood from the window of the Galicia-Madrid express, which passes El Escodial around daybreak. Dimly seen through the early morning mists, the monastery, serene and immutable, always gave me the impression of a ship weirdly and immovably stranded amid the mountains. In a few moments the train, indifferent, would leave the immense pile of stone far behind.

The last of these three visions of El Escorial is that of Salvador Dalí, and it is an act of homage rendered by that Surrealist painter to the architecture of Herrera, the Hermetical-eremitical building created by Philip II, the most enigmatic of all Spanish buildings.

The picture embodying this vision was painted in the nineteen-forties and exhibited at Eugenio d'Ors' "Academia Breve de Crítica de Arte". El Escorial here acts as a background – though it is really the leading character – to a portrait of the ambassador Cárdenas, who is the elegant personage we see in the left-hand corner of the canvas, with abstracted gaze and an old book pressed to his breast at shoulder level. El Escorial itself is seen obliquely, with its character as a model of ideal architecture on the platform of its massive base standing out against an immense plain of infinite horizons. In a little grove of holm oaks we can see the tiny figures of Ambrosio Spinola and Maurice of Nassau, taken from Velázquez's *Las Lanzas*. The sky is quite clear, with flashing lights striking against a strange, shapeless cloud that reminds one vaguely of a bird or a cotton-wool egg. We may easily imagine this cloud producing any of the thunderbolts that on so many occasions struck the spires of the monastery, which is represented in the picture in the style of a Celestial Jerusalem as it figures in hagiographies. Dalí's vision, like that of the saints, is clearly dream-engendered. In later pictures he returned to El Escorial as the setting for his works. Obsessed by Herrera's "cubic figure", he was equally fascinated by this building whose secret has not yet been revealed.

It is at the twilight hour, moments before the night magnifies its already considerable mass, that El Escorial takes on its true dimension. The motley multitudes of tourists disappear as though by magic. With the last, dying splendours of the day, sensitive people prefer to leave the ascetic rigours of the monastery and seek more beguiling scenes. The journey opens up new prospects to the spirit. Those who turn their heads for a last look find that the severe rectangle, lonely in its infinite melancholy, already seems to have been left far behind, as though lost to memory.

THE INCARNATION

The convent of the Incarnation in Madrid, belonging to the enclosed order of the Augustinians, is situated in the elegant Palacio district and thus enjoys, indeed, one of the most beautiful settings in the whole capital. From its foundation in 1610 by Margarita of Austria, Philip III's queen, it enjoyed a privileged situation. The building, close to the site of the old Alcazar of Madrid, to which it was connected by a covered passage so that the royal family could attend services in the convent without having to go outside their palace, is an example of conscientious Renaissance architecture.

With its *compás*, or parvis, giving on to the old square or Garden of the Prioress, the convent of the Incarnation is now situated in a spacious setting uncluttered by overbuilding. Between the Plaza de Oriente and the building that now houses the Senate, formerly the College of Doña María de Aragón and the Godoy Palace, the enclosed precinct, like the nearby Teatro Real complex, occupies a whole city block which is surrounded on all sides by the convent walls. With its elegant proportions and beautiful architecture, it is still a considerable ornament to the city; and its interior is an island of peace and silence in an area of aristocratic seclusion that seems to hold itself aloof from the constant noise and bustle of the nearby Calle de Bailén.

The first complete building erected in Madrid by the Spanish Hapsburgs, the convent of the Incarnation inaugurates a new type of urban architecture in the post-Herrera classicist style. Only a few years after its completion the beautiful Plaza Mayor, or "Main Square", of Madrid was laid out and several of the most representative buildings of the period were put up, buildings like the Court Prison, now the Santa Cruz Palace and housing the Ministry of Foreign Affairs. The general structure of the building is in brick and flint quarried in Vicálvaro and Vallecas, worked in the traditional Toledan technique used in the convent of the Discalced Carmelites, and the façade is dressed in granite. Though it is a building on a minor scale in comparison with El Escorial, for instance, the harmony of its proportions make it a really perfect piece of architecture.

Its façade, which is almost unrelievedly plain, with a composition based on the golden section, represents the moment of perfection of a model initiated in the churches of the Carmelites. Opinions differ as to whether it was designed by the royal architect Juan Gómez de Mora or by the Carmelite friar Fray Alberto de la Madre de Dios. But there is little point in trying to decide the question, since the first was the nephew and successor of Francisco de Mora, an architect who had worked with Herrera on El Escorial and who first created the type that crystallized in the Incarnation, while the second was Francisco de Mora's assistant in the construction of the churches of Lerma, in which that type is already definitively establiished. The important thing is that his façade, brought to perfection in the Incarnation, was to become the model most imitated and repeated in all Spanish architecture of the modern age, very much as had happened in the rest of Europe after Vignola's creation of the marvellous façade of the Gesù in Rome. From the Incarnation are derived such Madrid churches as those of the Discalced Trinitarians or the Discalced Mercedarians, by Juan de Alarcón, that of the Dominicans in Loeches and so many others of the type that it would take far too long to enumerate them. In the rest of Spain too, from Barcelona to Seville, from Santiago de Compostela to Valencia, we can find churches following the model of the Madrid convent of the Incarnation.

The interior of the church was remodelled between 1755 and 1767 by the great architect Ventura Rodríguez, who was working at the same time on the construction of the new Royal Palace, which was being built on the site of the former Royal Alcazar of Madrid, destroyed by the terrible fire of 1735. The restoration of the single nave of the church of the Incarnation was caried out with the greatest care and discretion. The original, rather severe Doric order was replaced by the lighter and more elegant Ionic, as being more suitable to churches consecrated to virgins. In the transept the galleries for the royal family, painted blue and gold, were left in their original position. And on the new high-altar chapel, with its columns of Spanish jaspers and other marbles, and its base and capitals in gilded bronze, Rodríguez retained the great painting of the Annunciation by Vicente Carducho, which had likewise formed the central feature of the 17th-century altar-piece by Juan Gómez de Mora. The decoration is completed with figures of playful children, medallions and rosettes in plaster on the upper parts of the structure.

In the vaulted ceiling, within their respective structural frameworks, we find frescoes depicting passages from the life of St Augustine, painted by Francisco Bayeu and the González Velázquez brothers, Luis and Antonio, the latter of whom also painted the pendentives and the vault which contains a representation of the apotheosis of St Augustine before the Holy Trinity, in the midst of an aureole of saints.

Thanks to its proximity to the Royal Palace, the convent of the Incarnation was as it were the public chapel of the royal family. Throughout the period of the House of Austria the funeral services for all the kings of Spain and their families were held there. On these occasions the entire wall surface of the church was covered with enormous lengths of black cloth, from the highest point of the vaults to the floor. On these were placed pictures with emblems and allegories alluding to the life and virtues of the deceased. In the transept, in front of the high altar, a catafalque, or funeral platform, was erected, usually a daringly Baroque structure with innumerable wax candles, built so high as to break into the space within the dome. This macabre theatricality was further heightened by the presence of all the august personages in deepest mourning attending these sorrowful ceremonies. It must have been an impressive spectacle. Quite important architects, like José Benito de Churriguera, who designed the catafalque for Carlos II's wife, Marie Louise d'Orléans, in 1689, were usually commissioned to design these huge structures, artefacts of an ephemeral architecture.

Speaking of decorations, however, I should also mention those created for more joyous occasions. On the great festive days in the religious calendar the convent of the Incarnation always had its façade decked with tapestries, while gaily-coloured ribbons fluttered from all the lattices.

For the sumptuousness appropriate to a convent under court patronage was always the predominant note in the Incarnation, despite the severity of the life led by its discalced nuns. With its considerable chapter of chaplains, confessors, musicians, acolytes, sacristans, choirboys and beadles, apart from the servants and pupils, this convent had a staff befitting the most royal of foundations.

From the beginning the number of nuns was limited to thirty-three, one for each year of Christ's age at his death. Today there are only nineteen sisters and a mother superior – without counting two who are in León – living in the convent. Of moderate size, the building took only five years to complete, largely thanks to Philip III's insistence on the fulfilment of what had been the most ardent desire of his wife, Margarita of Austria, whose devotion and religious fervour were proverbial. Since the Queen died at the age of twenty-seven, without seeing the completion of this convent she had dreamed of building, we may say that it was her posthumous work.

Margarita of Austria was born in the castle of Graz in that country. Daughter of the Archduke Karl of Styria, the son of the Emperor Ferdinand I, she was therefore a grandniece of Charles V. Her mother, Maria of Bavaria, was left a widow at a comparatively early age, with a numerous family whom she brought up in accordance with their rank, though not without financial difficulties. One of her daughters married Segismond of Poland and another married Vaidov of Transylvania. Of the four left single Margarita, the last but one, already seemed to have an inclination to the religious life. In fact she wanted to take the veil in one of the convents in Graz, but her fate was to be quite different. The man who changed the course of her life was Philip II of Spain, who in his concern over the marriage of his son, the future Philip III, finally decided that one of the daughters of the Archduke Karl would be the most suitable daughter-in-law he could find. When the portraits of three of these Austrian princesses arrived at the convent of the Discalced Carmelites in Madrid, the Infanta Isabel Clara Eugenia placed them facing the wall and drew lots to decide which of the girls would be the royal bride. Meanwhile Sister Margarita de Austria, who was praying that the choice might be inspired by God, heard a voice that said: "One Margarita for another". As it fell out, in fact, Margarita was the one chosen. For the moment, however, this was to be no more than an augury. In spite of Margarita having been thus designated by hazard, Philip II decided that his son would be better suited with her eldest sister, Catherine Renée; but this princess died shortly afterwards. The King then decided to start again with the second of the sisters, Gregoria Maximiliana, but before the Spanish ambassador arrived in Graz with his master's new proposals this sister, too, had died.

Given the difficulty of resolving the problem from a distance, the Archduchess Maria then proposed as a last resort that the two remaining sisters, Leonor and Margarita, should go to Madrid. The young prince could marry whichever he preferred and the rejected sister would have no objection to entering the religious life in the convent of the Discalced Carmelites, where she would be joining her kinswoman, Sister Margarita de Austria. Again fate intervened. Philip II having also died in the meantime, the young Margarita of Austria, who was then only fourteen years old, set out with her mother and sister on a journey that was to make her queen of Spain. After a triumphal journey through Italy, accompanied by her kinsman, the Archduke Albert (who was later to be also her uncle-in-law, for he was coming to marry the Infanta Isabel Clara Eugenia), she finally arrived in Valencia, where, "with the great courtesy of a lover", the King awaited her. In that city on the Turia the wedding was celebrated with great pomp and circumstance, after which the royal couple set out for Madrid, where Queen Margarita was given a truly magnificent welcome by her new subjects and townsfolk.

As Queen of Spain, Margarita of Austria was to be a silent, discreet wife, virtuous and devout. The principal shadow over her life was the sinister, rapacious figure of the King's greedy favourite, the Duke of Lerma, who did everything he could to isolate her from the influence of the old Empress Maria and Sister Margarita de Austria, both of whom she would often visit at the convent of the Discalced Carmelites. During the five years (1601-1606) that the court spent at Valladolid, the Queen founded in that city a convent of Discalced Franciscan nuns and made the acquaintance of Mother Mariana de San José, who was soon to be the first mother superior of the convent of the Incarnation. It was also in Valladolid that Margarita made the vow that if Spain were finally rid of the Moriscos she would build the convent which, under the mystery of the Incarnation of the Word, would serve as a refuge for the daughters of noble families in the service of the royal household. With similar zeal she wished to found two "Colleges of Soldiers", in Madrid and Malaga, which would look after crippled soldiers of the

Spanish army. She also, finally, founded what was to become one of the most important ecclesiastical institucions in Spain.

For the famous College of Jesuits of Salamanca – known as *La Clerecía*, or "The Priesthood" – was another creation of Margarita of Austria. Founded for the purpose of forming legions of apostles and missionaries to combat heresy in all the countries of the Empire and to spread the faith through the vast Spanish possessions in America, the College of the Society of Jesus in Salamanca was to constitute – together with the Imperial College of Madrid, founded by the Empress Maria of Austria – the great Hapsburg contribution to Spanish culture in the Baroque age.

When the court returned to Madrid in 1606, Queen Margarita did everything possible to further her desire to found the convent of the Incarnation, which she intended to be dedicated to extraordinary veneration of the Holy Sacrament. It was for this purpose that she summoned Mother Mariana de San José to the capital. And for this pious queen the 16th of July 1611 was one of the greatest days in her reign. For on that day the Archbishop of Toledo, Don Bernardo de Rojas y Sandoval, laid the first stone of the convent in the presence of the King and Queen and their children, who attended the ceremony from a balcony in the nearby College of Doña María de Aragón, a monastery of Calced Augustinians. But little enough was Margarita to enjoy her happiness in this new foundation, for less than three months later, on 3rd October, she died in childbirth at El Escorial. Disconsolate with grief, Philip III gave orders for the convent so fervently desired by his wife to be completed with the utmost promptness. This is not the place to record how the death of the beloved Margarita of Austria was attributed to Rodrigo Calderón, creature of the Duke of Lerma, Philip III's all-powerful favourite. Tortuous courtiers' intrigues and accusations of poisoning, difficult to prove but acting powerfully on the popular imagination, were but poor accompaniments to the death of a queen whose sweet, charming presence did much to brighten the rather stiff and solemn court of the House of Austria in Spain.

Mother Mariana de San José, the first mother superior of the convent of the Incarnation in Madrid, deserves a place in any list of illustrious Spanish women. For she was a reformer and founder of convents of much the same spirit as St Teresa of Avila, whom she had met as a child and whom she admired profoundly.

She very nearly became a Carmelite, as we may read in her Autobiography, which was published after her death, around the middle of the 17th century. She was born in Alba de Tormes and her father, a lawyer employed as an administrator by the ducal house of Alba, became a priest when his wife died. Her whole family were very devout and at an early age she entered the Augustinian convent of the Holy Cross in Ciudad Rodrigo. Two years later, when the reform of the Augustinian order was carried out, she joined the Duscalced, and enclosed, order. Her reading of the Life of St Teresa of Avila inflamed her religious spirit still further and she decided to be, like that great saint, a founder of convents. It was her indefatigable activity that was responsible for the foundation of several of the first convents of enclosed Augustinians. In Eybar, Medina del Campo, Valladolid and Palencia she established new communities. It was in founding the convent in Valladolid, in fact, that she was presented to Queen Margarita, who visited her frequently and became so fond of her that when she decided to create her convent in Madrid she insisted that Mother Mariana must come to the capital to found it. One must read a book entitled "Life and virtues Mother Mariana de San José", written later in the 17th century by a lawyer called Luis Muñoz, to understand the atmosphere of feminine fervour that surrounded the arrival in Madrid of Mother Mariana, who was accompanied by three other nuns, one from Palencia and two from Valladolid. Received by the King and Queen on their arrival, the four nuns spent the first night in Madrid at the house of the Condesa de Miranda, whose daughter, Aldonza de Zúñiga, was about to enter the religious life in the convent of the Discalced Carmelites; but when she met Mother Mariana she was utterly won over by her, "because the moment she saw her it seems that her heart was caught up in a strange love and affection, with a certain hope that she was to be her second mother; and, unable to help herself, she spent most of the night weeping, and every time she spoke to her or saw her she became even more attracted. It was clearly the Lord's will to join these two vocations, for the change was very rapid, the resolution taken at once and the union very strong". The "first spiritual stone" of the Incarnation, Doña Aldonza was likewise the first young lady of Madrid to take the veil in the new convent founded by Queen Margarita. Her name in religion was Aldonza of the Holy Sacrament.

The relations between the Discalced Carmelites and the Incarnation were from the beginning market by the greatest mutual understanding. The Augustinians spent the following night at the Carmelite convent and the day after that they went to the Augustinian convent of Santa Isabel; but then the Queen decided to lodge them until their convent was completed, in the Alcazar, then the Royal Palace. When the convent was finally built, Mother Mariana lived in it for twenty years. At the age of seventy she died there in the odour of sanctity. According to all her biographers, her life and customs were a crystalline mirror of virtues. In her writings – Dissertations on the Song of Songs and a collection of maxims – she shows herself to be a writer capable of finding subtle nuances in the spiritual life. Saved from the fire by one of the nuns, for in an access of humility their author had tried to burn them, for she said that she did not "want any trace of my memory to remain", these pages are written in a clear, limpid literary style. The passages about the angels and about her inner experiences deserve careful reading. It is interesting to know that six years after her death her tomb was opened in the presence of the king, in order "to visit her", and those who were present found "the body entire, though consumed and dry, with all the framework of her bones and skin, nails, hair and nose all entire; and she has the humours of the eyes and part of the eyes themselves entire and unconsumed, but rather transparent, the hands stiff and raised in the air..."; the corpse gave off a fragrant smell and one could see "the very veins in the forehead and the blemishes...". There is a portrait of Mother Mariana painted by Francisca Ortiz de Sotomayor, a polyglot Latin scholar, poet and talented painter, who had intended to become a Franciscan nun, but on meeting Mother Mariana decided to enter this Discalced Augustinian foundation instead, her name in religion being Sister Francisca de San José. Another soul ensnared by the irresistible attraction of this great mother superior.

The interior of the convent is a veritable museum of painting and sculpture of the 17th-century Madrid school. A mere enumeration of the painters represented, from Vicente Carducho and his outstanding pupil, Bartolomé Román, through Van der Hamen, Antonio Pereda and Juan Carreño de Miranda, down to Palomino, would in itself be a fairly complete account of religious painting in Madrid in that century. There are also some pictures by painters from other parts of Spain, including such an eminent figure as Jusepe de Ribera, "Lo Spagnoletto".

As regards sculpture the convent has a truly magnificent collection, with works by the Valladolid sculptor Gregorio Fernández – whose principal work here is the recumbent Christ in the cloister, a replica of the one by the same sculptor that we find in the Capuchin convent in El Pardo – and, among others by different artists, those by the Andalusian Pedro de Mena, who was so popular in court circles during the second half of the 17th century. But perhaps the main interest of this magnificent collection lies in the subjects rather than in the quality of the works themselves. This is certainly the case of two paintings I should like to mention particularly: *The parable of the royal banquet*, which hangs in the sacristy of the church, and *The delivery of the Princesses Anne of Austria and Elisabeth de Bourbon*, in the museum in the interior of the convent. In the first, which takes up the whole back wall of the sacristy, forming a great lunette with a flattened arch, we see Christ and the guests seated at table during the wedding feast. At the same time we see the scene of the expulsion of the guest who is not wearing the proper wedding garment. An allusion to the Eucharist, this great canvas should be closely examined, not only on account of its wealth of iconography and iconology but also for the picturesque and narrative details that it contains. In the second picture, painted by Pieter van der Meulen in a large, rectangular format, we are shown the exchange of princesses between the French and the Spanish royal families which took place in the middle of the river Bidasoa: a French bride for Philip IV, a Spanish one for Louis XIII. This was in 1615. Years later, in 1660, with the signing of the Peace of the Pyrenees on what is known as "Pheasant Island", there was to be another exchange of this kind.

These Franco-Spanish exchanges of royal brides were the marriages that were eventually to lead – on the death of Carlos II without an heir in 1700 – to the War of the Spanish Succession and, at its conclusion, to the enthronement of a French Bourbon as king of Spain, with the title of Philip V. Curiously enough, when we enter the convent's museum one of the first things we see is a portrait of this king as a young man painted by Antonio Acisclo Palomino, who shows him wearing black in the Spanish fashion, presumably with the diplomatic intention of pleasing his new subjects.

The whole convent seems to be peopled by painted angels and archangels. As we have seen in the case of the Discalced Carmelites, this devotion was very typical of its age. Indeed Mother Mariana de San José, who had a great devotion to them, wrote many pages on these beings. On one occasion, while praying, she found herself "encircled by a great number", but because of the absence of the Lord "I could not rejoice with those saints and glorious spirits with whom I consoled myself so much, for I understood that the soul could not attain true joy if it was not alone, alone with only God...". But this was an exceptional case. Mother Mariana believed that "the virtues that shine forth most splendidly in the angels are purity, obedience and humility, fortitude, gratitude and burning charity. These virtues are the adornment and beauty of those angelical spirits who, like the brightest of stars, embellish that holy city and rejoice those who dwell in it... May all this help us to attend with reverence at the divine services and at prayer, where on many occasions they appear again mingling among the sisters; and all of them do very well with their charity to the attention of the divine presence".

Archangels mingling with nuns we certainly find in the choir of the Incarnation, a broad, light-filled, clean and highly-polished space. For there, on the dark wood of the strictly classicist choir stalls, there are full-length paintings of the seven archangels with their respective legends: "St Michael, who receives the souls of those who die a holy death; St Gabriel, who intercedes so that men may obey the divine inspirations and attain to obedience; St Raphael, who helps those who wish to make true atonement; St Zadkiel, who helps us to make good confessions; St Baraquiel, who helps us to attain the gifts of the Holy Ghost; St Sealtiel, who helps us to pray worthily; St Uriel, who helps us to battle against temptations and to love God". The archangels, with their disquieting beauty, are depicted here as creatures of the light, symbols of innocence, heralds, worshippers and protectors, not as symbols of war and destruction.

Just as they were seen by the mother superior, Mother Mariana de San José, so they were painted by Bartolomé Román, the same artist who did the series in the convent of the Discalced Carmelites which announces an interior inhabited by virgins consecrated to the Lord.

In the choir, too, we find the sepulchre of Sister Ana Margarita de San José, the natural daughter of Philip IV, who was only twelve years old when she took the veil, in a solemn ceremony attended by her father. In the convent she always received the title of "Serenissima". Unfortunately, she died very young, at the age of twenty-seven. The convent still possesses a beautiful portrait of this poor little girl, painted by Antonio de Pereda, which shows her kneeling between St Augustine and St Monica on the day of her profession. In the upper part is the Aureole, with the Blessed Virgin and the Child Jesus scattering flowers over the innocent little child-nun. A touching present from a father whose main amusements were shooting, parties, amorous adventures with shapely actresses and other far from religious pastimes!

The most impressive room in the whole convent is the one called the Reliquary. From the architectural point of view it is a square room with its ceiling covered with frescoes by Bayeu, done in the form of coffering with paintings of tiny ornaments, of evidently classicist inspiration, and representations of the cardinal virtues with the Mystery of the Trinity in the middle. Its four walls, above a dado in blue Talavera tiles, are entirely lined with glass-doored showcases in bronze frames, in which are contained the precious relics.

In these showcases there are representations – half-length, head and shoulder or just heads – of saints, surrounded by top-shaped ornaments with their corresponding balls, imitating red marble. In the centre of the room stands an altar with a famous painting on wood by the Italian artist Bernardino Luini, representing the Holy Family. This altar is surrounded, and isolated, by a screen carved in lignum vitae. In a corner of the room there is a bier or coffin covered in red plush with gilded nails and standing on four turned legs. In it lies the uncorrupted body of Doña Luisa de Carvajal y Mendoza, a noblewoman born in Jaraicejo, in the province of Cáceres, who died in London a martyr of the Catholic faith. Doña Luisa, who was a close friend of Mother Mariana de San José but never became a nun, renounced all the attractions of court life in order to go to England and combat the Protestant heresy, with a burning desire for the apostolate and martyrdom. Her task was a long and arduous one. For nine years whe was persecuted, insulted and despised, but she did achieve some conversions to Catholicism. She was imprisoned twice. When she died, in 1614, her body was brought back to Spain, where Rodrigo Calderón attempted to have it taken to the Portaceli convent in Valladolid, which was under his patronage. But Mother Mariana, through the King's intercession, succeeded in having the corpse delivered to her for the convent of the Incarnation.

On their journey from Graz to Madrid Queen Margarita and her mother had collected all the relics they could find, but these were all presented to the enormous relic room at El Escorial. The ones in the Incarnation convent today are all of later date. Mother Mariana, however, was just an anxious to collect relics as her queen had ever been. Her biographer, Luis Muñoz, says: "She had a great devotion to the relics of the Saints: for their decent housing she created the Reliquary in the Royal Convent of the Incarnation, which is one of the finest things in Spain". There can be no doubt about that. And it is interesting to be told what her intentions were in amassing such a magnificent collection. "She wanted them (the nuns) to show great respect, touching them when necessary with great decency." And she scolded those who took them out of the Reliquary and carreid them off to their cells, which she did not regard as "decent" places.

On the shelves of the glass-doored showcases we may see such things as a piece of the True Cross, bones of saints tied with ribbons and nestling in little bouquets of flowers, a wax nativity scene, a figure of St Maria Egipciaca (or Mary Magdalene), also in wax, with fair hair in tight curls and ringlets, recumbent in her grotto, conches, embroidered pincushions and little pillows, figures of the Child Jesus in all sorts of ceremonial costumes, pieces of ivory and tortoiseshell, silver caskets, mirrors, bell glasses and little glass flasks.

Particularly noticeable among these exhibits are an urn with the skull of St Alexander surrounded by flowers and a figure of the Child Jesus dressed as the Good Shepherd. In his right hand he has a partridge and in his left a dove. He has the keys to the sheepfold and a little knife tucked in his belt and is accompanied by an ass and a dog. All around this charming little figure we see his sheep and a great many pieces of paper with writing on them. The sheep represent the nuns and the pieces of paper their thoughts.

In the convent this Child Jesus attracts great devotion. But the great jewel of the Reliquary is the phial containing some of the blood of the martyred St Pantaleon, which liquefies every year on the eve of his feast day, 27th July.

It is really interesting to visit the convent of the Incarnation on St Pantaleon's Day. Many people of Madrid go there with real devotion. At the entrance to the church you may buy books and prints of this saintly doctor and miracle-worker of the 3rd century who was martyred under the Roman emperor Diocletian in Nicomedia, a town in what is now northwestern Turkey. In life his name was Pantaleonta, meaning "in all things like a lion", but after his death the name was changed to Pantaleon, which means "mercy". With martyrdom he became a miracle-working saint overflowing with mercy and he is also the saint to pray to against all sorts of stings and bites from insects or reptiles. Though there are relics of this saint in many European cities, none is so important as this one in Madrid. There are, however, small amounts of the blood of St Pantaleon in various sanctuaries in Italy, where it also liquefies on 27th July every year.

A similar prodigy is that of the blood of St Gennaro, the patron saint of Naples, which liquefies three times every year. The blood of St Pantaleon also sometimes liquefies on other days in the year, but only very occasionally, and when this happens it is supposed to presage wars and public calamities. On 27th July it is exhibited to the public. People of the highest and the lowest classes throng forward to the communion rail to witness the prodigy. A priest tilts the phial gently so that the people may see, moving slowly and viscously inside it, the few drops of blood, which looks quite red and fresh. Afterwards the faithful take turns to kneel and kiss the phial. People usually leave the convent in thoughtful mood.

But when one has gone to the convent of the Incarnation, not in search of miracles or black auguries of catastrophes but simply to immerse oneself in the artistic past, on coming out into the parvis of the convent one cannot resist the temptation to turn and admire once more the perfection of the façade of the church. The flowing lines of the white marble relief over the portico, representing the Annunciation, is the only figurative element in the whole composition. All the rest is geometry and numbers. Once they had crossed the threshold of their convent, the nuns of the Incarnation never saw again this pure prodigy of architecture, raised in the city to honour and adore the divinity.

Antonio Bonet Correa

INDEX OF PHOTOGRAPHIES

periods. Santa Clara de Tordesillas (Valladolid).

44. Mudéjar room in Santa Clara de Tordesillas. Gothic mural depicting a pilgrim on his way to Santiago de Compostela.

46. From the lower choir of Santa Clara de Tordesillas the nuns could look down on the image of Christ's Passion.

47. Romanesque grille of the lower choir in Santa Clara de Tordesillas (Valladolid).

48. *Madonna of the Rose*, by an anonymous Gothic sculptor. Royal Convent of Las Huelgas (Burgos).

49. The masterpiece of Santa Clara de Tordesillas is the altarpiece in the Saldaña Chapel, a portable wooden triptych with paintings attributed to Master Nicolás Francés. Flemish, 15th century.

50. *Our Lady of the Sorrows* (1673), by Pedro de Mena, in the Chapter House of the Royal Discalced Carmelites (Madrid). Beside her, the panes of a window in the enclosed part of this convent.

51. Staircase and royal balcony typical of the Hapsburgs. The Convent of the Royal Discalced Carmelites was founded by Joanna of Austria, Queen of Spain, in 1555.

52. Ceiling over the Royal Staircase in the Convent of the Discalced Carmelites. This Renaissance mansion, acquired by Charles V in 1535, was later turned into a convent by Joanna of Austria.

53. Upper part of the cloister in the Convent of the Royal Discalced Carmelites. The "Shrine of Refuge", with a painting on wood representing *The Virgin and the Child Jesus*, by Bernardino Luini (?1485-1532).

54. "Playing chapels" used to be a popular children's amusement. In the Upper Cloister of the Convent of the Royal Discalced Carmelites the little infantes could play in the "Chapel of the Little Girls".

55. Corridor and room in the Museum, showing *Caesar's Coin*, by Titian. The prevailing style in the Convent of the Royal Discalced Carmelites is Baroque.

56. Upper Choir of the Royal Discalced Carmelites. *St Francis standing and St Clare kneeling*, receiving the Rule of the order. 17th century.

57. In the Convent of the Incarnation, of the enclosed order of the Augustinian nuns, there is a notable collection of relics.

58. Reliquary in the Convent of the Incarnation. Image of St María Egipciaca.

59. The Reliquary Room. Altar with the *Holy Family* by Bernardino Luini (?1485-1532). Convent of the Incarnation, Madrid.

60. Apart from founding convents, the nuns were in the habit of collecting relics when moving from one convent to another. Convent of the Royal Discalced Carmelites, Madrid.

61, 63. Reliquaries in the Convent of the Incarnation, Madrid. Six years after her death the body of the first mother superior, Mother Mariana de San José, was uncorrupted, though much consumed and dry.

62. Phial containing the blood of St Pantaleon. Convent of the Incarnation, Madrid.

64. Cell, or "cottage", of Sister Margarita (Archduchess Margarita of Austria). Posthumous portrait of this nun in her coffin. Convent of the Royal Discalced Carmelites, Madrid.

65. The Good Shepherd. Convent of the Incarnation, Madrid.

66. Showcase with relics. Convent of the Incarnation, Madrid.

67, 68. Despite the looting by the French troops during Napoleon's invasion of Spain, there are still many collections in the Monastery of El Escorial. Among other things, it is the greatest *lypsanothèque* of its time, with 7,422 relics from all over the world.

69. "Saintly Hands...". Relics in the Convent of the Incarnation, Madrid.

70. Hands... An eternal temptation for painters Detail of *St John the Baptist* by Jusepe Ribera, in the Convent of the Incarnation, Madrid.

71. *St John the Baptist*, by Jusepe Ribera. Convent of the Incarnation, Madrid.

72. The absolute in expressiveness in a detail of Luca Giordano's *St Augustine and St Monica* (1657). From the collection in the Convent of the Incarnation, Madrid.

73. In the aristocratic Convent of the Royal Discalced Carmelites, Pedro Mena's *Ecce Homo* (1673). It stands in the Chapter House.

74. On the day of the most solemn inauguration, Philip II gave orders for the grille in the vestibule of the church of El Escorial to be closed... *Chapel of the Christ of the Happy Death*.

75. *Christ*, by Benvenuto Cellini (1562). Church of the Monastery of El Escorial.

76. *Descent from the Cross* (Monastery of San Lorenzo, El Escorial).

77. *Descent from the Cross* (Monastery of San Lorenzo, El Escorial).

78. *Recumbent Christ*, by Gregorio Fernández, in the Convent of the Incarnation, Madrid.

79. In the Upper Cloister of the Convent of the Royal Discalced Carmelites: *Recumbent Christ*, by Gaspar Becerra (1520-1570).

80, 81. Chapel of the Dormition of the Blessed Virgin, in the Convent of the Royal Discalced Carmelites.

82. Chapel of Guadalupe. Sebastián de Herrera Barnuevo. 17th century. Upper Cloister of the Convent of the Royal Discalced Carmelites, Madrid.

83-85. In the Upper Cloister of the Convent of the Royal Discalced Carmelites there are plenty of chapels where the nuns can pray to their favourite saints.

86. Tomb of Joanna of Austria in the Church of the Convent of the Royal Discalced Carmelites, Madrid.

87. Another of the many chapels in the Convent of the Royal Discalced Carmelites. This one is the Chapel of the "Little House at Nazareth".

88. On reaching the gallery of the enclosed cloister, one may choose either to visit the numerous chapels all around this gallery or to enter the palace part, which was used to provide cells for the nuns. Cell of Sister Margarita de Austria and verious objects of piety that belonged to her.

89. Whatever their actual style, the nuances of the light as it filters through the convent windows are always magically Gothic... Door to the garden in the Convent of the Royal Discalced Carmelites, Madrid.

90. El Escorial is the archetypal palace-monastery-royal mausoleum. This photograph shows a corridor in the Royal Palace.

91. Luis Méndez de Haro advised Philip II that no work of poor quality should be permitted in El Escorial, for the Monastery was "a theatre visited all the year round by so many foreigners, who admire it as such a great marvel". Centuries later it is still thronged by visitors.

92. Tomb of Don John of Austria, a 19th-century work by Giuseppe Galleotti. It is in the Mausoleum of the Infantes, in the Monastery of San Lorenzo de El Escorial, Madrid.

93. Mausoleum of the Infantes, 19th century. Monastery of San Lorenzo de El Escorial, Madrid.

94, 95. Entrance to the gloomy Baroque decoration of the 17th-century Royal Mausoleum, which constitutes a contrapuntal break with the formal stiffness of the original building. San Lorenzo de El Escorial, Madrid.

96. Royal Burials: Cenotaph of the Emperor Charles V, by Pompeo Leoni. Church of San Lorenzo de El Escorial, Madrid.

97. Royal Burials: Cenotaph of Philip II, by Pompeo Leoni. Church of the Monastery of San Lorenzo de El Escorial, Madrid.

98. Vault of the Upper Choir. Fresco by Luca Cambiaso. 16th century. Another cabbalistic sign in this picture is the cube at God's feet. Monastery of El Escorial, Madrid.

99. Church of the Monastery of El Escorial, seen from the Upper Choir.

100. Music, literature and painting: three of the magnificent obsessions of Philip II. Church of the Monastery of El Escorial, Madrid.

101, 102. Altar of the Sacred Host, with a theatrical device for raising and lowering its main feature, the 1684 painting by Claudio Coello.

103. Chapter House or Vicarial Room. Everything in the Monastery of El Escorial is intended to pay homage to intelligence and religion.

104. Chasubles and sacred ornaments. Museum of the Chapter Houses, Monastery of San Lorenzo de El Escorial, Madrid.

105. Portable altar of the Emperor Charles V. Monastery of El Escorial, Madrid.

106, 107. Works of art of all kinds bequeathed to us by Philip II in the Church of the Monastery of El Escorial, Madrid.

108. Pulpit in the Church of the Monastery of El Escorial. By Manuel de Urquiza, bronzesmith to King Fernando VII. C. 1827.

109. Portrait of Father José de Sigüenza, the first librarian of El Escorial and its greatest historian. Library of the Monastery.

110. Illuminated manuscript of *Las Cantigas* of Alfonso X of Castile (Alfonso the Wise). Library of El Escorial.

111. Both Philip II and Juan de Herrera had books of occult sciences. In the iconography of the Library in the Monastery of El Escorial we find all the symbols that initiate us in the higher learning.

112. Library of the Monastery of El Escorial. In the foreground, an armillary sphere in pine conceived according to Ptolemy's geoventric system. It was constructed in Florence around the year 1582 by Antonio Santucci and dedicated to Cardinal Claudio de Boume.

113. Marquetry door to the Throne Room. The inlay is German work. The 16yh-century Palace in the Monastery of El Escorial, Madrid.

114, 116. The king who had everything and could find pleasure only in renunciation... The austere Castilian style in the apartments of Philip II. Monastery of El Escorial, Madrid.

115. Antechamber or Ambassadors' Room in the 16th-century Royal Palace. Monastery of El Escorial, Madrid.

117. The austerity becomes even more evident, if possible, in the Throne Room. The 17th-century Palace in the Monastery of El Escorial, Madrid.

118. Sundial in slate and bronze embedded in the floor, wrought by J. Wendlingen of Sam Bourgtner in Vienna, 1755. Antechamber or Ambassadors' Room, Royal Palace of the Monastery of El Escorial, Madrid.

119. The Hall of Battles. Paintings by Nicolà Cranello and Fabrizio Castello. The 16th-century Palace in the Monastery of El Escorial, Madrid.

120. The Battle of Higuerela, some time after 1584. Among those who fought in this battle were John II of Castile and his favourite, Alvaro de Luna. Hall of Battles of the 16th-century Royal Palace in the Monastery of El Escorial, Madrid.

121. The Hall of Battles. 17th-century Royal Palace in the Monastery of El Escorial, Madrid.

122. Tapestries designed by Peter Paul Rubens and presented by the Infanta Isabel Clara Eugenia in 1627. Convent of the Royal Discalced Carmelites, Madrid.

123. The Tapestry Room, formerly the nuns' dormitory. Convent of the Royal Discalced Carmelites, Madrid.

124. The Gilded Portrait Room (formerly the *Candilón*). Pictures by Rubens, Sánchez Coello, Anthony More, etc. Convent of the Royal Discalced Carmelites, Madrid.

125. Room of Flemish painters and Titian. Convent of the Royal Discalced Carmelites, Madrid.

126. 16th-century painting representing *The Holy Family*. Cloister of the Convent of the Royal Discalced Carmelites, Madrid.

127, 131. Portraits of Philip III and Margarita of Austria, founders of the Convent of the Incarnation, Madrid.

128. The Empress Maria. Convent of the Royal Discalced Carmelites, Madrid.

129. Prologue, on the river Bidasoa, to the wedding of Anne of austria. 17th century. Convent of the Royal Discalced Carmelites, Madrid.

130. Picture hanging in the Convent of the Royal Discalced Carmelites, Madrid.

132. Chamber organ, 16th century. Gold Chapel of Santa Clara de Tordesillas, Valladolid.

133. Clavichord of Queen Joan the Mad. Flemish, 16th century. Gold Chapel of the Monastery of Santa Clara de Tordesillas, Valladolid.

134. Gold Chapel, with the 16th-century chamber organ. Convent of Santa Clara de Tordesillas, Valladolid.

135. *The Wedding Guest*. Painting by Bartolomé Román, 17th century. Sacristy of the Convent of the Incarnation, Madrid.

136. The Kings' Room in the Convent of the Royal Discalced Carmelites, Madrid. On the table are the bronze crowns that were placed on the catafalques of the Empress Maria and Sister Ana Dorotea.

137. The Room of Flemish painting in the Convent of the Royal Discalced Carmelites, Madrid.

138. Staircase of the 16th-century Palace in the Monastery of San Lorenzo de El Escorial, Madrid.

139. The modern metal roof-braces in El Escorial can also assume austerely magical shapes.

140. Philip II placed his bedroom adjacent to, and overlooking, the sanctuary of the Church of El Escorial. It was in this room that he died, on 13th September 1598. His rooms are hung with paintings by Hieronymus Bosch.

141. Apartments of the Infanta Isabel Clara Eugenia. Monastery of El Escorial, Madrid.

142-144. Rooms of the Museum in the Monastery of El Escorial, Madrid.

145. Principal Staircase of the Monastery of El Escorial. Designed by Giambattista Castello, Il Bergamasco (16th century). Ceiling by Luca Giordano (17th century).

146. El Escorial was called the monastery-palace of super-learning... The photograph shows a window of the Royal Palace overlooking the garden.

147. One of the original parts of the Convent of the Royal Discalced Carmelites: the cloister-courtyard.

148. Courtyard of the Evangelists. One of the works designed by Juan de Herrera at El Escorial.

149. The shadow of the Church falling on the façade of the Royal Palace in the Monastery of El Escorial reminds us of the use made of Hermetic lore in the conception of the whole.

150. The whole architecture of El Escorial, with the exception of the Baroque additions, was planned in accordance with rigidly Cartesian principles. The Kings' Courtyard, seen from the Church.

151. The terrace in front of the north front of El Escorial; the form of the building, with the symbolic architecture of its exterior, has been compared to the gridiron on which St Lawrence was martyred.

152. In the Monastery of El Escorial nothing was left to chance; every single element was architecturalized.

153. The ashlars of the walls are of the same size and dressed in the same way. Main entrance, west front of El Escorial.

154. The building of El Escorial was planned entirely for the Saturnian pleasure of the intelligence. East front and view over the town.

155. The shaped rock known as "Philip II's Chair", on the hillside overlooking the Monastery of El Escorial.

156. The Monastery of San Lorenzo de El Escorial by night.

157. The south front of the Monastery reminds us of what Manuel Azaña, President of the Second Spanish Republic, tells us in his book, *The Friars' Garden*: "I awoke in El Escorial, where the only impression I received throughout that first day was that I had entered a country of astonishing magnitudes."

158. The Convent of Santa Clara de Tordesillas enjoys a truly splendid geographical position. Here we see it from the other side of the river Douro.

159. By the testamentary dispositions of Peter the Cruel of Castile the Palace became a convent of the Poor Clares. This photograph shows the entrance to the Convent of Santa Clara de Tordesillas, Valladolid.

160. Alfonso XI and Peter the Cruel were the builders of the Palace that is now the Convent of Santa Clara de Tordesillas, Valladolid.

161. Outer courtyard of the Convent of Santa Clara de Tordesillas, Valladolid.

162. Remains of the façade of the original Palace in Santa Clara de Tordesillas, with the decorative feature of lobulate arches on one stretch of the wall.

163, 164. *Ora et labora*... Convent of Santa Clara de Tordesillas, Valladolid.

165. But there are other things in life besides praying and working... The Cistercian nuns of the Royal Convent of Las Huelgas spend some of their free time in pleasant conversation.

166, 167. The small, Romanesque cloister (*Las Claustrillas*) of the Royal Convent of Las Huelgas is the oldest part of the building, dating back to the time of Alfonso VIII (c. 1200). Its archaic style is not really in line with the Cistercian spirit.

168. The members of the Trastámara dynasty probably entered by this door when attending coronations and weddings. Entrance to the 13th-century Church of the Royal Convent of Las Huelgas, Burgos.

169. The Church of the Convent of the Incarnation, Madrid, remodelled by Ventura Rodríguez in the 18th century.

170. Chapel of the Miracles. Frescoes by Francesco Rizzi and Dionisio Mantovano, c. 1678. Convent of the Royal Discalced Carmelites, Madrid.

171. Plasterwork in the 13th-century Mudéjar style. Cloister of the Royal Convent of Las Huelgas, Burgos.

172. Gallery over the transept in the Church of the Royal Convent of Las Huelgas, Burgos.

173. The elegant 13th-century Gothic Church of the Royal Convent of Las Huelgas, Burgos, can only be compared with the sanctuary of the Cathedral of Cuenca, the tower of the Cathedral of Toledo and the refectory of the Monastery of Santa María de Huerta.

174. In the apse of the Church of the Royal Convent of Las Huelgas, Burgos, we find the Choir of the Convent Chaplains.

175, 176. In the very heart of Madrid, right beside a huge department store, we find the Convent of the Royal Discalced Carmelites. Merely to go into the entrance hall is like abandoning our own time and entering the Spanish Golden Age. With a tour of its interior we relive the Madrid of the Spanish Hapsburgs.

177. The convalescents' gallery in the hospital of the Monastery of El Escorial, famous for its sunny situation. Roofs, spires, chimneys and the north front of the Monastery.

178. The Monastery of San Lorenzo de El Escorial, seen from "Philip II's Chair". *Domus regia, Domus sacerdotum* and *Domus Domini*, it is the symbol of a theocratic and universal monarchy.

Este libro, fundamentalmente, se debe gracias a la
íntima colaboración de dos equipos:

PATRIMONIO NACIONAL
y
LUNA WENNBERG EDITORES

Se imprimió en los Talleres Gráficos
de Luna Wennberg Editores